ムキムキを育てる

筋肉メシ

今野善久

3000人を指導したアスリートフードマイスター

はじめに

「筋肉メシ」って何？

適度に筋肉のついたメリハリのあるボディを目指し、ジムに通い、食事にも気を配って身体を磨きあげる――。筋肉を鍛える意識が高まっている中、トレーナーとしてそんなライフスタイルをもつ方々によくお会いします。しかし、お話を聞くと筋トレはしっかりやっていても、食事がおろそかになっていると感じることがとても多くあります。

本書は、「筋肉を育てるための食事」＝「筋肉メシ」に特化し、「食事でどれだけ身体が変わるか」を実感していただくための本です。

筋肉を育てるためには、自分自身のゴールを明確にしたうえで、それに適した食事をしなければなりません。そこで本書では、目指す身体になるための１日の目標摂取カロリーと、カロリーを含む栄養素である、Ｐ（Protein=タンパク質）、Ｆ（Fat=脂質）、Ｃ（Carbohydrates=炭水化物）の３つをどのくらいの割合でとればよいか、理想のＰＦＣバランスを割り出す計算式を紹介します。

計算というと面倒に感じる方もいるかもしれません。しかし一度この計算式で数字を出してみると、その目標に近づくためには食事をどう改善すればよいか、具体的に見えてきます。

本書の「外食」「中食《なかしょく》」のカタログページでは、各企業の協力のもと、メニューや商品のカロリー、ＰＦＣの値を掲載しています。自分が理想とするＰＦＣバランスをどうすれば実現できるのか、毎日の食事を組み立てる参考にしてください。自炊派の方は、「内食《うちしょく》」のおすすめレシピや食材についての情報もぜひご活用ください。

筋肉をつけたい人、ダイエットしたい人、より身体に磨きをかけたい人。目的はさまざまでも、自分自身を知らなければ、どんなボディメイクも叶いません。筋肉メシは、あなたがゴールに辿り着くまでの道をサポートします。

アスリートフードマイスター／パーソナルトレーナー　今《いま》野《の》善《よし》久《ひさ》

ムキムキを育てる 筋肉メシ

目次

筋肉メシ的食事法

筋肉メシで理想のカラダへ

第2章　自分流の筋肉メシを組み立てる

マルハ
さば水煮

三陸産
味付きめかぶ
要冷蔵

味付き半熟
ゆでたまご
要冷蔵

meiji
明治 北海道
十勝
6P チーズ
BASIC

内食

肉食おすすめ食材

第1章

筋肉を作るのは1に「食事」!

筋トレよりもまず食事を見直す

なぜ食事が大事か？

「筋肉をつけるにはまずトレーニング（筋トレ）」。そう思い込んでいませんか？

しかし実は、筋肉をつけるための最も効率的な方法は、筋トレよりも**食事を見直すこと**です。

このようにいうと驚く人もいるかもしれません。

しかし栄養学でよく言われるとおり、「あなたの身体は食べたものでできている」のです。**筋肉を作るのに、食事が果たす役割は8割以上。筋トレは1～2割にすぎません。**

つまり、いくら一生懸命に筋トレをして身体を鍛えても、食事がおろそかになっていれば、筋肉は思うようにつかないということです。

ダイエットのために食事に注意している人はいても、「筋肉をつけるための食事」を意識している人はまだまだ少数派です。この章では、あなたが目指す「理想のカラダ」を手にいれるために、何をどう食べたらよいのか、食事でどんなことに気をつければよいのかを考えていきたいと思います。

エネルギーが枯渇すれば筋肉の分解は進む

人間の身体は、日々代謝を繰り返しています。他のすべての細胞と同様に、筋肉も分解と合成を繰り返しています。

分解と合成が同じバランスで行われていれば、筋肉量は維持されます。しかし、分解が合成を上回ってしまえば、筋肉量は減少します。

生きている以上、筋肉の分解をゼロにすることはできませんが、いかに不要な分解を抑え、合成を促すかが筋肉をつけるためのカギとなります。

筋肉の分解は本来生命維持のための大切な機能でもあります。食事で得られるエネルギーが不足し、活動に必要なエネルギーが不足すると、人間の身体は自ら筋肉を分解し、エネルギーに変えて生命を維持しようとします。いくら筋トレをしても、体内のエネルギーが不足していれば筋肉の分解を止めることはできません。結果、筋トレをしているのに筋肉がつかない、ということになります。筋肉をつけるには、筋肉を作る材料となる食べ物を適切なタイミングで、適切な量をとることが必要不可欠なのです。

代謝の仕組みを知る

消費カロリーは3つに分けられる

食事から摂取するカロリー（エネルギー）が消費カロリーより多ければ体重が増え、少なければ体重は減ります。消費カロリーは、以下の3つに分けられます。

基礎代謝＝人間の生命維持に必要なエネルギー量
活動代謝＝日常生活や運動によって使われるエネルギー量
食事誘発性熱産生＝食物を消化・吸収するために必要なエネルギー量

カロリーとは、単純にいうと人間の「燃料」です。人間も車と同様、燃料がないと動けないので、「燃料補給＝食事」をしっかり考える必要があります。

人間の場合、車と違って生命維持にかかわる燃料消費を絶えず行っています。これが1つ目の「基礎代謝」です。基礎代謝量は、筋肉量の増減に比例して変動します。筋肉量が多ければ基礎代謝は上がり、少なければ下がります。食事でとったカロリーが消費されないと、体脂肪として備蓄されていきますが、筋肉量を増やすと基礎代謝量が増すので、体脂肪を蓄えにくい体質になります。

２つ目の「活動代謝」とは、身体を動かすことで消費されるカロリーのこと。運動の量や質に比例して代謝量は上がっていきます。

食べることによってカロリーを消費する

食事をとると体内に吸収された栄養素が分解され、その一部が体熱となって消費されます。これが３つ目の「食事誘発性熱産生（ＤＩＴ）」です。主に食べ物の消化に対して、エネルギーを消費しているといわれています。

ＤＩＴはカロリーにかかわる３大栄養素（タンパク質、脂質、炭水化物）をどれだけとるかで変動します。比率は食材や調理法でも多少変わりますが、平均で、タンパク質のＤＩＴは摂取エネルギーの約30％、脂質のＤＩＴは摂取エネルギーの約４％、糖質のＤＩＴは摂取エネルギーの約６％といわれます。また、噛む量が多いほどＤＩＴは増える（やせやすくなる）ようです。辛いものを食べた時は身体が熱くなりますが、これもＤＩＴの作用です。

筋肉作りの基本③

筋肉を育てるのは「タンパク質」

良質なタンパク質はタンパク質量とアミノ酸バランスで決まる

筋肉は70〜80%を占める水分を除くと、残りはタンパク質で構成されています。タンパク質は英語ではプロテイン（protein）と呼ばれ、その語源は古代ギリシャ語の「プロテイオス（最も重要なもの）」です。

身体作りに必須の栄養素であるからこそ、トレーナーは「良質なタンパク質をとりましょう！」というフレーズをかならず口にします。でも、「良質なタンパク質」とはそもそも何でしょうか？

人間の身体の中のタンパク質は、20種類のアミノ酸から構成されています。そのうちの9種類（イソロイシン、ロイシン、リジン、メチオニン、フェニルアラニン、スレオニン、トリプトファン、バリン、ヒスチジン）は、体内で合成することができず、食事からとる必要があるため、必須アミノ酸と呼ばれています。

この9種類のアミノ酸のうち、どれか1つが欠けても、体内で十分なタンパク質を生成できません。例えば、8つの摂取量が100でも残り1つが10なら、10しかタンパク質になりません。つまり良質なタンパク質とは、9種類のアミノ酸すべてが高いレベルで含まれているものということになります。

　そのバランスを評価する指標となるのが「アミノ酸スコア」（下図）です。このスコアが100に近い食品ほど、良質なタンパク質といえます。

アミノ酸の桶の理論

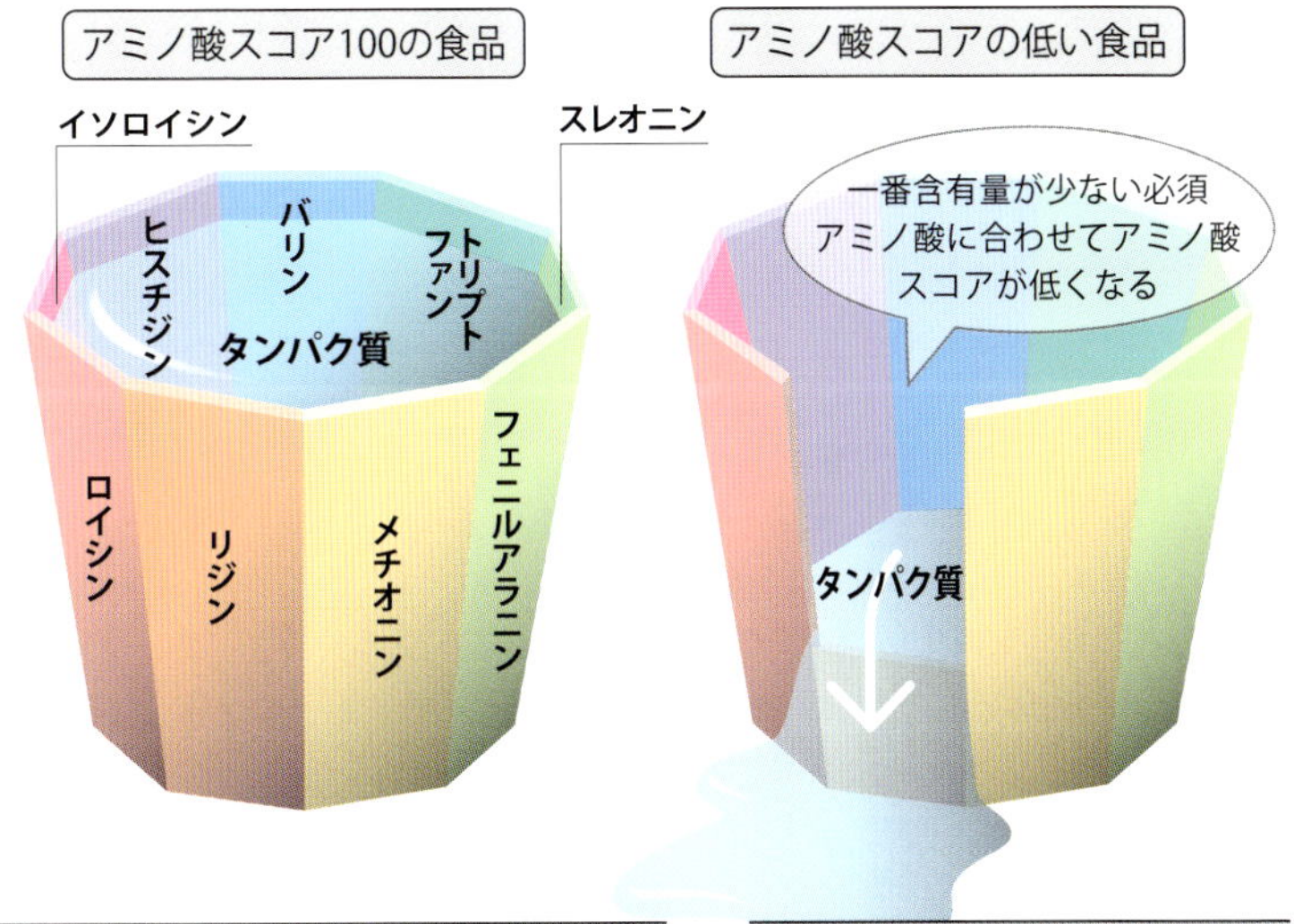

食品	アミノ酸スコア
牛肉・豚肉・鶏肉	100
鶏卵	100
牛乳	100
魚（あじ、いわし、さけ、まぐろ）	100

食品	アミノ酸スコア
精白米	61
パン	44
じゃがいも	73
とうもろこし	31

筋肉を育てるカギは「ロイシン」にあり

筋肉の合成において、特筆すべき働きをするアミノ酸がロイシンです。

筋肉の細胞内には、mTOR（エムトール）という筋肉の合成を指令する酵素が含まれています。この酵素を活性化させる3つの要素が、①インスリンの分泌（22ページ参照）、②カルシウムの摂取（27ページ参照）、③アミノ酸（主にロイシン）の摂取です。つまり、筋肉作りにおいて、ロイシンは有効性が高いといえます。ロイシンは肉・魚などの動物性タンパク質に多く含まれているので、それらをしっかりとることが大切です。

こまめにとりたいアミノ酸

アミノ酸は体内に長時間蓄えることのできない栄養素です。筋肉量を増やすには、3〜4時間に一度はタンパク質を補給するのが理想です。アミノ酸の不足は筋肉の分解につながります。

特に起床時はすでにアミノ酸が枯渇した状態です。「ランチで肉をたっぷり食べるから」などと考えて朝食を抜いてしまうと、その間にどんどん筋肉の分解が進んでしまいます。

朝食ではタンパク質を含んだ食品を必ずとるようにしましょう。トースト1枚で済ませるのはもっての外です。タンパク質が補給できないばかりか、血糖値の乱高下で糖尿病予備軍になる恐れもあります。

朝食でしっかりタンパク質を補給すれば、ランチまでの3〜4時間は保つます。問題は夕食までの間です。午後12時にランチを食べる人は午後4時くらいのおやつの時間に、ゆで卵、チーズなどを間食にとり、タンパク質を補給しましょう。

自分に適したタンパク質の量を知る

タンパク質は筋肉を作るのに不可欠ですが、過剰に摂取したからといってより多く筋肉がつくわけではありません。むしろとりすぎは身体に毒です。アミノ酸はアミノ基（－NH_2）というものを持っており、これが体内の水素イオン（H^+）と結合するとアンモニア（NH_3）になります。アンモニアは人体に有害なので、大量の水分と一緒に尿として体外に出そうと肝臓と腎臓が働くわけですが、タンパク質をとりすぎるとこの作業も当然増えます。つまり肝・腎両方の臓器に過剰な負担をかけてしまうわけです。34ページからの計算式をチェックし、自分の身体に合ったタンパク質量をとるように注意しましょう。高タンパク食の際は、身体の水分量を保つためにこまめな水分補給もお忘れなく。

良質な「脂質」をしっかりとる

身体にとって脂質は重要な栄養素

生活習慣病予防、あるいはダイエットをしている人は、脂肪をことさら避ける傾向があります。たしかに脂質は高カロリーであるため「太りそう」なイメージが強く、敬遠されがちです。しかし脂質はエネルギーになるほか、細胞膜やホルモン、皮膚やコラーゲンの材料になったり、脂溶性ビタミンの吸収を高めるなど、筋肉のみならず生命活動に欠かせない働きをする栄養素なのです。

コレステロールは問題ない

脂質の１つであるコレステロールは、これまで長らく悪者扱いをされてきました。「悪玉コレステロール」という通称で知られるＬＤＬコレステロールが血管内に付着して動脈硬化の原因になるといわれていたからです。

しかし、２０１５年に厚生労働省は「日本人の食事摂取基準」からコレステロールの上限値を撤廃しました。これはコレステロールが多い食品を食べても、血液中のコレステロール値に影響を及ぼすというエビデンス（根拠）がないことによります。

もともとコレステロールは人間の身体の中（主に肝臓）で合成されており、体液に乗って全身へ届けられています。これは体内の総コレステロールの７～８割を占めるといわれています。食事でとるコレステロールは全体の２～３割にすぎません。

つまり、コレステロールが多く含まれるレバーや卵をたくさん食べたとしても、それが直ちに総コレステロール値が上がることにはつながらないといえます。

「オメガ3脂肪酸」を積極的にとる

脂肪酸には、動物性脂肪（肉の脂身など）に多い飽和脂肪酸と、植物や魚介類に多い不飽和脂肪酸があります。筋肉を育てるうえで特に重要な脂肪酸が、不飽和脂肪酸の１つである「オメガ３脂肪酸」です。さばやいわしなどの青魚に多く含まれるＤＨＡ（ドコサヘキサエン酸）やＥＰＡ（エイコサペンタエン酸）は、その代表格です。

オメガ３脂肪酸は小腸内でＧＰＲ１２０という因子と結びつき、ＧＬＰ-１というホルモンの分泌を促します。ＧＬＰ-１は満腹中枢を刺激して過剰な食欲を抑制したり、血糖値の急上昇を抑えるなどの働きから、「やせホルモン」と呼ばれています。膵臓《すいぞう》の働きを助け、インスリンを分泌しやすくする働きもあるため、朝食にオメガ３脂肪酸をとると、体内時計がリセットされ、身体の各器官の働きが活性化します。

ＤＨＡには脳の神経細胞の情報交換をスムーズにする働きもあり、またＥＰＡにも血液内の中性脂肪の値を下げる効果などが期待できます。

ただし、オメガ３脂肪酸は熱に弱く、酸化しやすいのが難点。青魚を食べるのなら新鮮な刺し身や寿司にするのがベストです。また、缶詰は加工後すぐに酸素のない状態で密閉されるので酸化のリスクが低く、長期間保存できる優秀な食材といえます。

もう１つおすすめしたい脂質が中鎖脂肪酸です。エネルギーに変換されやすく、筋肉の分解を抑える働きがあります。ココナッツオイルには中鎖脂肪酸が60％程度含まれているほか、ＭＣＴオイル（１２７ページ参照）は中鎖脂肪酸１００％の食用油です。

筋肉メシにとって避けたい脂質

トランス脂肪酸は、マーガリンやお菓子の材料としてよく使われるショートニングに多く含まれる脂肪酸で、製造中、植物油に水素を結合する工程で発生します。これを多く摂取すると体内の細胞の酸化を促してしまうため、本来は筋肉量アップのために働くはずのビタミンやミネラルがそちらの処理に優先されてしまいます。

また、熱を加えた油を長期間放置すると酸化が進みます。揚げ物、炒め物はできるだけ作りたてを食べましょう。揚げ油もこまめに替えたほうがよいでしょう。

「短鎖脂肪酸」は腸内環境を整える

腸内で作られる短鎖脂肪酸は、ビフィズス菌や乳酸菌などの善玉菌を増やし、腸内フローラを整える役割があるほか、大腸の唯一のエネルギー源としても利用されます（25ページ参照）。

短鎖脂肪酸のもととなる栄養素は乳製品（特にバター）に含まれる酪酸、お酢に含まれる酢酸、海藻や果物に含まれる水溶性食物繊維の3つだけです。いくら有効な栄養素を多くとっても、腸内環境が悪ければ十分に吸収されません。これらの食品を意識してとり、腸内環境を整えることが、筋肉量アップにつながります。

このように、脂質は筋肉メシにおいて不可欠な役割を担っています。過度に避けるのではなく、さまざまな食材をまんべんなく選びながら、良質な脂質をとるようにしましょう。

「糖質」は筋肉の合成に不可欠

糖質は悪者ではない

ここ数年の糖質制限ダイエットブームにより、「糖質」という言葉をよく耳にするようになりました。糖質とは、炭水化物から食物繊維を差し引いたものです。糖質を抑えることはダイエットには有効です。しかし、実は筋肉を増やすという「筋肉メシ」の観点からいうと、糖質は必要不可欠な栄養素です。

インスリンは筋肉量アップに必要なホルモン

食べ物から糖質を摂取すると、細胞のエネルギーとなる血糖が血液に流れ込みます。この血糖を各細胞に運搬する役割を担うのが、インスリンというホルモンです。膵臓から分泌されたインスリンは、細胞分裂をつかさどる働きもあります。そのため「脂肪細胞を増やす（＝肥満）ホルモン」という不名誉な呼び方をされることがありますが、筋肉細胞を増やすために必要なホルモンでもあるのです。加えてインスリンは、筋肉の合成にかかわるシグナル酵素「mTOR」を活性化させる役割も持っています。

糖質をとりすぎても筋肉は増えない

では、糖質を大量にとり、インスリンを分泌すればするほど筋肉は増えるのでしょうか？　残念ながらそうではありません。たしかに糖質を多くとると筋肉量は増えますが、同時に体脂肪も増えます。体脂肪が増えるにつれ、筋肉の合成は阻害されることがわかっています。体脂肪が多くなることで、筋肉がつきにくい身体になってしまうわけです。

また、糖質を過剰に摂取すると糖尿病になる恐れも。意外に思うかもしれませんが、ボディビルダーには糖尿病予備軍の人（もしくは既往歴がある人）が一般の人より多くいます。それは身体を大きくするバルクアップ（増量）期に一時的に糖質を過剰にとることで、インスリンが次第に効きにくくなり、インスリンの分泌量が増えたり、インスリンを分泌する膵臓自体が弱ってしまうことが主な原因と考えられています。筋肉をつけたいばかりに身体を壊してしまうのは避けたいところです。一般的にバルクアップ期の炭水化物の割合は1日分の摂取カロリーの50～60％以上といわれていますが、本書が提唱する筋肉メシでは40％をベースとして状況に応じて変化をつけるよう推奨しています（38ページ参照）。

筋肉作りの
基本❻

「食物繊維」を積極的にとる

ネバネバが特徴の水溶性食物繊維

食物繊維は血糖値の上昇を緩やかにするとともに、腸内環境を整える働きもあります。体内の栄養素として直接作用するわけではありませんが、筋肉を育てるうえでなくてはならない栄養素です。

食物繊維は水溶性食物繊維と不溶性食物繊維の2つに分けられます。

水溶性食物繊維は一緒にとった食べ物をコーティングして消化・吸収を穏やかにします。主なものとしては、かんきつ類、プルーン、リンゴ、イモ類などに含まれるペクチン、麦類、大豆などに含まれるガム質、コンニャク芋に含まれるグルコマンナン、海藻に多く含まれるアガロースやアルギン酸ナトリウムなどがあります。これらを高糖質の食事と一緒にとると血糖値の急上昇を抑え、インスリンの過剰分泌を防ぐ効果があります。バルクアップ（増量）期で糖質の割合を多く設定している時期には積極的にとるべき栄養素といえます。

食物繊維は、体内で消化されないためカロリーに含まれないといわれてきました。しかし水溶性食物繊維に関しては腸内細菌によって分解・発酵されて短鎖脂肪酸に変化し、エネルギー源として利用されることがわかっています（1～2kcal／gのカロリー量）。しかし、短鎖脂肪酸のカロリーはすべて大腸の運動に利用されるので、それ自体は摂取カロリーの過不足にはかかわりません。短鎖脂肪酸は大腸の唯一のエネルギー源として使われる栄養素なので（21ページ参照）、腸内環境を整えるためにも水溶性食物繊維を含む食品は積極的にとるようにしましょう。

便のかさを増す不溶性食物繊維

不溶性食物繊維は、水に溶けない代わりに水分を吸収して十数倍に膨れるため、腸を刺激して大腸の蠕動《ぜんどう》運動を活発にします。主なものに大豆やゴボウに含まれるセルロース、野菜などに含まれるヘミセルロース、穀物、完熟野菜に含まれるリグニン、エビやカニの殻、キノコ類に含まれるキチン、キトサンなどがあります。なお、タンパク質の多い食事にすると、体内の水分が尿のほうに誘導され便秘になる傾向があるので、不溶性食物繊維をとる時は水分補給も意識することが大事です。

「ビタミン」「ミネラル」の不足に注意する

ほとんどが食事でしかとれない

ビタミン（vitamin）はラテン語の生命（vita）に由来し、「生存に不可欠な成分」という意味を持ちます。身体の構成成分になったりエネルギーになったりするわけではありませんが、他の栄養素の働きをスムーズにし、身体の機能を正常に維持する潤滑油のような作用を持っています。

一部のビタミンを除いて体内ではほぼ合成されないため、食事から摂取する必要があります。赤血球の材料となる鉄をはじめ、筋繊維収縮の信号となるカルシウムなどのミネラルも、筋肉量を増やすためにバランスを意識してとる必要があります。

抗酸化のA・C・Eと代謝のB群

体内の脂質の酸化を防ぐためには、強い抗酸化作用を持つビタミンA、C、Eが必要となります。ビタミンAはレバーや緑黄色野菜、ビタミンCは果物やイモ類、パプリカ、ゴーヤなど、ビタミンEは主にナッツ類に多く含まれます。

タンパク質、脂質、糖質の代謝を主に助けるのは8種類のビタミンB群です。豚肉やレバー、魚介類、葉物野菜などに多く、それぞれ働きが異なるのでバランスよく摂取を。

筋肉に必要なミネラル

カルシウムは筋肉の合成にかかわるシグナル酵素「ｍＴＯＲ」を働かせる役割があります。また、筋肉を動かす際にもカルシウムは必須で、筋繊維にカルシウムイオンがくっつくことで筋肉は動きます。カルシウムは乳製品、小魚、豆類、野菜類に多く含まれ、カルシウムを2、マグネシウムを1程度の割合でとると吸収がよくなります。マグネシウムは、ごま、きな粉、ナッツ類に多く含まれます。

筋肉痛の原因は乳酸といわれてきましたが、近年の研究でカリウムイオンがかかわって起こるものと明らかになりました。高強度のトレーニングを行うと、カリウムイオンは細胞外に出やすくなり、血管が収縮して血流低下を招くため、注意喚起の信号が痛みとともに伝わるのです。改善にはストレッチ、入浴、水分補給などで血流を改善するとともに、昆布、豆類、アボカドといったカリウム豊富な食材をとることが有効です。

筋肉メシ的 食事法❶

まず腸内環境を整える

筋肉メシの大敵・下痢や便秘を防ぐ

筋肉メシを実践している最中、特にバルクアップ（増量）期には、消化不良をおこして十分に栄養吸収されないまま排泄に至ってしまうことがあります。また、シェイプ（減量）期には水分不足から便秘になることもあります。

効率よく筋肉をつけるためにも、次にあげるポイントをもとに、まずは腸内環境を整えましょう。意外だと思われるかもしれませんが、とても大切なことです。

1 食物繊維をしっかりとる

水溶性食物繊維は短鎖脂肪酸になり、大腸の働きを活性化して腸内の善玉菌を増やします。また不溶性食物繊維は、腸内で水分を含んで便を軟らかくする働きがあり、便秘改善に効果があります。

2 発酵食品・発酵調味料を活用する

ヨーグルトや納豆、ぬか漬けといった発酵食品や、味噌、麹などの発酵調味料は、腸内細菌の働きを助ける効果が期待できます。

3 タンパク質豊富な食品をとる

小腸のエネルギー源の半分以上を占めるのがグルタミンというアミノ酸です。必須アミノ酸ではありませんが、代謝が上がることで消費が増えます。つまり筋肉量が増えるにつれ不足しやすくなることから、条件つき必須アミノ酸とも呼ばれています。グルタミンはタンパク質豊富な食品に多く含まれているので、肉や魚、大豆製品などを日頃からしっかり食べることで小腸の活動も活性化できます。

4 十分に水分補給をする

低糖質・高タンパクのＰＦＣバランスでの筋肉メシを実践する場合、特に大事なのが水分です。タンパク質を分解する過程で体内のアンモニア濃度が高まるため、便よりも尿に水分が使われます。一度に大量に飲むよりもこまめな水分補給を心がけてください。

筋肉メシ的
食事法❷

食べる順番や時間を意識する

栄養素を最大限活用する

せっかくの筋肉メシを最大限有効に活用するには、食べ方にも気を配る必要があります。栄養素をむだなく、効果的に摂取するための3つのポイントを紹介します。

1 食べる順番に気を配る

水溶性食物繊維は血糖値の上昇を緩やかにするので、食事の初めに食べるとインスリンの過剰な分泌が抑えられます。ご飯やパスタなど糖質の高い主食を口にする5～10分前までに、海藻などに多く含まれる水溶性食物繊維をとっておくのがおすすめです。

最も効果的な食べる順序は次のとおりです。

①副菜や主菜に使われている食物繊維を多く含む食材（海藻類、キノコ類、野菜など）
②汁物（水分をとることで胃腸内の消化・吸収を穏やかにする）
③主菜（肉や魚などタンパク質・脂質の豊富なもの）

④主食（糖質の多い穀物など）

2 時間をかけてゆっくり食べる

血糖値の上昇は食事の早さにも比例するので、インスリンの過剰分泌を抑えるため、できるだけゆっくり食事をしましょう。食事に時間をかけることは咀嚼《そしゃく》回数が増えることにもつながり、食事誘発性熱産生（ＤＩＴ）を上げたり（12ページ参照）、栄養素の消化吸収を促す効果があります。特に、胃腸が強くなく下痢を起こしやすい人は時間をかけて食べることで胃腸の負担も軽減し、栄養素の吸収率が高くなります。

3 五感すべてを使って食事に集中

私たちは味覚・触覚・嗅覚・視覚・聴覚の五感すべてで食べ物を認識し、脳から身体の各組織に指令を出します。しかし、例えばスマホをいじりながら食事をした場合には、とり込んだ栄養が何か、量はどれくらいか、脳が認識不能となり、身体に栄養が十分吸収されない状況に。「今、肉を食べてタンパク質を補給している！」「このブロッコリーでビタミンCを補給するゾ」という具合に食事に意識を集中させましょう。

筋肉メシ的 食事法③

基準は「朝3：昼4：夕2：間1」の黄金比

朝の生活がとても大事

人間の身体には「体内時計」と呼ばれる1日のリズムを刻むメカニズムが備わっています。それを形作るのが「時計遺伝子」です。身体の各細胞に備えられていますが、それぞれ異なった時間を刻んでいるため、定期的にメンテナンスしないと身体は不調をきたします。

体内時計をリセットするためには、光の刺激でメラトニンというホルモンを減少させ、食事の刺激でインスリンの分泌を促すことが有効です。つまり朝日をしっかり浴び、朝食をきちんととることで、体内時計は整えられ、身体の機能を最大限に発揮できるようになります。

時計遺伝子の中には、体脂肪を増やしたり、さまざまなものへの依存性を高めたりする遺伝子「ＢＭＡＬ１（ビーマルワン）」があります。これは日が落ちるころから活性化し始め、午前2～3時ごろにピークを迎えます。夜中のラーメンやスナック菓子がやめられず、体脂肪がどんどん増えていく……。この状況こそＢＭＡＬ１の働きによるものです。厄介なことに、BMAL1が強く働いている時間はインスリンが分泌されやすく、将来的にインスリンの効きが悪くなる可能性があります。

夜間の食事は、体重を増加したいのであれば有効ですが、体脂肪の過剰増加や生活習慣病になる可能性もあり、健康的に筋肉をつけたい場合は避けたいものです。逆に、BMAL1が最も働かない午後2〜3時前後は、最小限のリスクで必要な栄養素をとることができます。そう考えると、おやつの時間はよくできていますね。

以上の点を踏まえると、朝、昼、夕、間食のそれぞれの役割がおのずと見えてきます（下図）。

間食について少し補足しますと、血液中のアミノ酸濃度は4〜6時間で半減するといわれています。そのため次の食事までの空き時間が長い昼食から夕食までの間にプロテインドリンク、ゆで卵、チーズなどをとることが筋肉の分解を抑えるのに役立ちます。

1日の食事の割合は、朝食3：昼食4：夕食2：間食1を推奨します（41ページ参照）。

1日の食事の役割

朝食	筋肉の分解を抑え、体内の時計遺伝子をリセットする食事をとる
昼食	BMAL 1 が活動しにくい時間帯だからこそ積極的に必要な栄養素をとる
夕食	睡眠中の筋肉代謝に必要な栄養素をとる
間食	筋肉の分解を最小限に抑えるため、タンパク質が多めなものをとる

摂取カロリーとPFCバランスを計算する

ここで紹介する計算式は、これまで目分量で行っていた食事コントロールに明確な基準を設定するものです。自分の目的に合った摂取カロリーとPFC（タンパク質・脂質・炭水化物※）バランスを算出することで、今まで暗中模索で食事をとっていた状況を打破することができます。

※計算上は糖質

①除脂肪体重を計算

日本体育大学の岡田隆先生が提唱する「除脂肪メソッド」(注1)をもとに算出します。まずは「体重」と「体脂肪率」から除脂肪体重を計算。体脂肪率は体組成計などで計測しましょう。

➡ 体重、体脂肪率から除脂肪体重を計算

体重［　　］kg －（体重［　　］kg × 体脂肪率［　　］%）＝ 除脂肪体重［　　］kg

例）Aさん（男性）　体重72kg、体脂肪率17%

体重72kg －（体重72kg × 体脂肪率0.17）＝ **除脂肪体重 60kg**

※小数点以下を四捨五入

②摂取カロリーを計算

体重を増やしたいのか、筋肉量を増やしたいのか、体脂肪を絞りたいのか、42ページからの「基準値を設定するための考え方」を参照のうえ、ベースラインとなる数字を入れます。

➡ 除脂肪体重に掛ける数値（ベースライン指標）を設定する

◎ベースライン指標　※設定の詳細は42ページ～

シェイプアップのベース		体重増減のないベースライン		Lバルクアップのベース		Dバルクアップのベース
30	⇨	40	⇨	50	⇨	50+

➡ 除脂肪体重に目的に合わせたベースライン指標を掛け、摂取カロリーを計算

除脂肪体重		ベースライン指標		摂取カロリー
kg	×		=	kcal

例）Aさん「筋肉量を増やしながら体脂肪を調整していきたい」(Lバルク期)46ページ参照

除脂肪体重60kg × ベースライン指標50 ＝ **摂取カロリー　3,000kcal**

(注1)「除脂肪メソッド」とは

体重から体脂肪量を差し引いた「除脂肪体重」に、目的に応じたベースライン指標を掛けて、目標摂取カロリーを設定する方法です。

③タンパク質の摂取量とカロリー量を計算

筋肉の分解を防ぐため、タンパク質は定期的に一定量を摂取する必要があります。一方でタンパク質をとりすぎると、他の栄養素の割合が減ったり、肝臓や腎臓などに負担をかける恐れも。
筋肉メシで推奨するタンパク質量は、除脂肪体重に1.5 gを掛けた数値です。これを基準に、自分に合ったタンパク質のバランスを探ることをおすすめします。

◎タンパク質対比

低タンパク対比	**筋肉メシの推奨対比**	高タンパク対比	スーパー高タンパク対比
<1	**1.5**	2	3<
筋繊維の縮小の可能性		通常の食生活でとれるギリギリの範囲	肝臓に負担がかかる恐れも

➡ 除脂肪体重にタンパク質対比を掛け、タンパク質摂取量を計算

除脂肪体重 [　　　　kg] × タンパク質対比 [　　　　] ＝ タンパク質摂取量 [　　　　g]

例）Aさん　高タンパク対比2で計算

除脂肪体重60kg × タンパク質対比２ ＝ **タンパク質摂取量 120g**

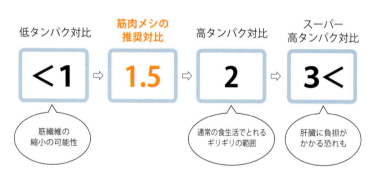

➡ タンパク質摂取量にタンパク質1gあたりのカロリー量4kcalを掛けて、タンパク質摂取カロリーを計算（この数値はあとで使用）

タンパク質摂取量		タンパク質1gあたりのカロリー量		タンパク質摂取カロリー
g	×	4 kcal	=	kcal

例）Aさん

タンパク質摂取量120g × 4 ＝ **タンパク質摂取カロリー 480kcal**

コラム

自分に合った基準値を探りあてる

本書では、摂取カロリーのベースライン指標、タンパク質対比、糖質比の基準値を示しています。しかし、基準値は個人差が大きいため、最初は「自分の目標はこのくらいかな」という大まかな値から始めて構いません。

この計算式は、何をどれくらい食べればよいか、それまで暗中模索しながら目分量で行っていた食事コントロールに明確な基準を設定するものです。

大切なのは現在の自分に合った基準値を探りあてること。場合によっては本書で紹介する基準値から外れるかもしれませんが、自分自身の基準値を見つけることが重要です。

④糖質の摂取量とカロリー量を計算

筋肉メシで最も重要なポイントともいえるのが糖質のコントロールです。身体を大きくしたい（バルクアップ期）場合は、糖質の割合を高く設定するのが基本となります。しかしあまり高すぎると体脂肪がつきすぎたり、次第にインスリンが効きにくくなったりする危険があります。逆に、身体を絞りたいシェイプアップ期には糖質の割合を低く設定しますが、低糖質になる分、筋肉の分解も起こりやすくなるので、身体の変化をみながら食事の調整をすることが重要です。

※計算上、糖質量を炭水化物量として数値化

◎糖質比

徹底した糖質コントロール		シェイプアップ期の基準		**筋肉メシの推奨基準**		バルクアップ期の基準		バルクアップしにくい人向け
<12%	⇨	25%	⇨	**40%**	⇨	50%	⇨	60%<
やせやすい反面、筋肉の分解も起こりやすい		低糖質で体脂肪の分解を促す				体重、筋肉量ともに増量を目指す		高血糖に注意

➡ 摂取カロリーに糖質比を掛け、糖質摂取カロリーを計算

摂取カロリー		糖質比		糖質摂取カロリー
kcal	×	%	=	kcal

例）Aさん　筋肉メシの推奨基準40%で計算

摂取カロリー　3,000kcal × 0.4 = **糖質摂取カロリー　1,200kcal**

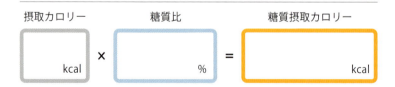

➡ 糖質摂取カロリーを糖質1gあたりのカロリー量4kcalで割り、糖質摂取量を計算

糖質摂取カロリー		糖質1gあたりのカロリー量		糖質摂取量
kcal	÷	4 kcal	=	g

例）Aさん

糖質摂取カロリー 1,200kcal ÷ 4 = **糖質摂取量 300g**

コラム

ゴール到達に向けた指針として活用

食事に含まれる栄養素をきちんと把握し、身体の変化に応じて**定期的に基準値を変えていくことが筋肉メシの極意**です。

ただ、真面目な性格であるほど、計算式で出した栄養バランスを守らなくてはとストレスを感じてしまう傾向があります。

ゴールは自分の目標とする身体を作ることであって、計算式の数字を厳守することではありません。

「最近、朝食が少なめだから意識しよう」「昨日食べ過ぎたから今日は全体的に少なくしよう」といった調整をしながら、目指すゴールに到達するための指針であることを念頭におき、自分に合った筋肉メシを組み立てていきましょう。

⑤脂質の摂取量とカロリー量を計算

摂取カロリーはタンパク質、脂質、糖質のカロリー量の総量です。ここまで摂取カロリー、タンパク質量、糖質量を計算したので、そこから逆算して脂質量を計算します。

➡ 摂取カロリーから、タンパク質摂取カロリーと糖質摂取カロリーを引き、脂質摂取カロリーを計算

摂取カロリー		タンパク質摂取カロリー		糖質摂取カロリー		脂質摂取カロリー
kcal	−（	kcal	＋	kcal	）＝	kcal

例）Aさん

摂取カロリー　3,000kcal －（タンパク質摂取カロリー　480kcal
＋糖質摂取カロリー　1,200kcal）＝ **脂質摂取カロリー　1,320kcal**

➡ 脂質摂取カロリーを脂質1gあたりのカロリー量9kcalで割り、脂質摂取量を計算

脂質摂取カロリー		脂質1gあたりのカロリー量		脂質摂取量
kcal	÷	9 kcal	＝	g

例）Aさん

脂質摂取カロリー　1,320kcal ÷ 9 ＝ **脂質摂取量　146.7g**

※小数点以下第２位を四捨五入

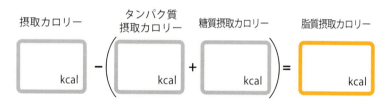

摂取カロリーにおけるPFCバランス

タンパク質、脂質、炭水化物の数字が出たところで、それぞれのカロリー量を摂取カロリーで割ると、3つの栄養素をどのくらいの割合でとればよいかが計算できます。

例）Aさん

タンパク質	480kcal	÷	摂取カロリー	3,000kcal	＝	**0.16**
脂質	1,320kcal	÷	摂取カロリー	3,000kcal	＝	**0.44**
炭水化物※	1,200kcal	÷	摂取カロリー	3,000kcal	＝	**0.4**

※厳密には糖質

AさんのPFCバランス

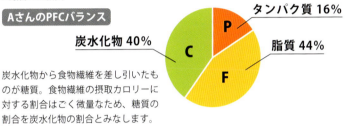

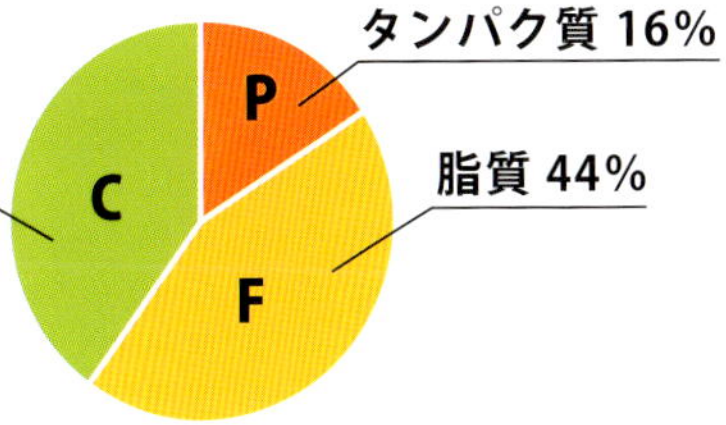

炭水化物から食物繊維を差し引いたものが糖質。食物繊維の摂取カロリーに対する割合はごく微量なため、糖質の割合を炭水化物の割合とみなします。

朝：昼：夕：間のバランス

タンパク質、脂質、炭水化物を「朝：昼：夕：間」の各食事でどのくらいとればよいか、Aさんの例で計算してみましょう。

◎筋肉メシで推奨する割合　朝食3：昼食4：夕食2：間食1

例）Aさん

		タンパク質	脂質	炭水化物	摂取カロリー
1日	比率	16%	44%	40%	3,000kcal
	分量	120g	146.7g	300g	
朝食	30%	36g	44g	90g	900kcal
昼食	40%	48g	58.7g	120g	1,200kcal
夕食	20%	24g	29.3g	60g	600kcal
間食	10%	12g	14.7g	30g	300kcal

※小数点以下第2位を四捨五入

基準値を設定するための考え方

食事によって身体を変えていくうえで重要なのが、自分の現状と今後のゴール設定を明確にすることです。

　本書が提案する筋肉メシでは、「筋肉を増やす」という最終的なゴール設定に対して、**４つのフェーズ（段階）に分けて、順を追って筋肉をつける**ことを目指します。

筋肉メシにおける４つの段階の進み方

各フェーズは便宜上、Ⅰ～Ⅳとしていますが、スタート地点はⅠとは限りません。現在の自分がどのフェーズにいるかで、スタート地点は異なります。

ゴールのⅣに到達した人も、新たなゴール設定をすれば、次のⅠ～Ⅳのフェーズに進むことができます。

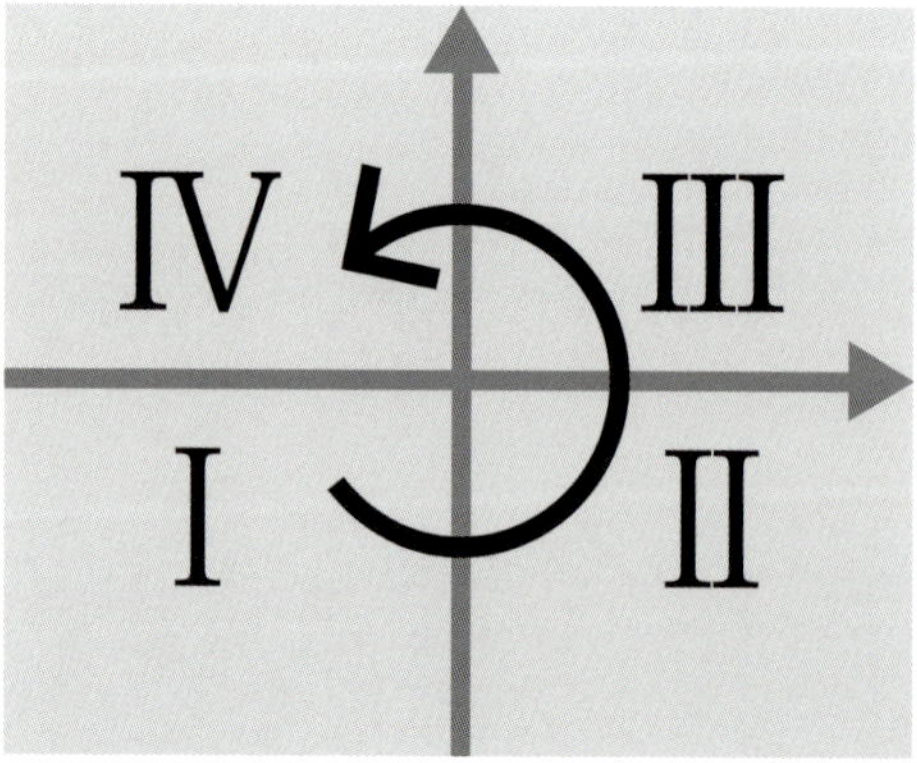

3 STEP で理想のカラダへ

筋肉メシでは、I～II、II～III、III～IV へと進む3つの移行期を、それぞれ「**ダーティーバルクアップ期**（Dバルク期）」、「**リーンバルクアップ期**（Lバルク期）」、「**シェイプアップ期**（シェイプ期）」と設定します。

3つの移行期は、上図の矢印のように3 STEP で進むイメージ

では、「Dバルク期」「Lバルク期」「シェイプ期」それぞれの特徴や注意点、設定例を見ていきましょう。

①ダーティーバルクアップ期
（Dバルク期）

「ダーティー（汚く）バルクアップ（体重を増やす）期」とは聞こえがよくありませんが、筋肉をつける前提として、まずはたくさん食べて、身体を大きくする時期です。体重が少ないと感じている人、筋肉を一から作り直したいという人はここから始めましょう。

ポイントは、カロリー量と炭水化物量を高めに設定し、体重を増やしやすくすることですが、ただやみくもに食べていたのでは、体脂肪が増えすぎたり、生活習慣病の原因にもなりかねません。

身体を大きくするこの時期においても、糖質過多になりすぎないよう、PFC バランスをしっかり設定することをおすすめします。

Dバルク期の基準値

◎ベースライン指標

50 ～ 60（高め）

胃腸の調子をみながら積極的に食事をとる

◎タンパク質対比

1.5 ～ 2（標準）

糖質量、脂質量が少なくならないよう高くしすぎない

◎糖質比

50% ～ 60%（一般でいう標準程度）

摂取カロリーが高いので高糖質になりすぎないよう注意

Dバルク期　設定例

身長 170 ㎝（男性）、体重 60kg、BMI 20.8（ややややせ気味）、体脂肪率 16%

基準値を設定

ベースライン指標	タンパク質対比	糖質比
55	1.5	50%

計算式で算出

	タンパク質	脂質	炭水化物	摂取カロリー
比率	10.9%	39.1%	50%	2,772kcal
分量	75.6g	120.4g	346.5g	

※小数点以下第 2 位を四捨五入

例えばこんなメニューを

販売が終了している商品もあります（2019年7月現在）

朝食

焼鮭定食〔松屋〕

冷奴〔松屋〕

夕食

もろみチキンの炭火焼き定食
五穀ご飯
〔大戸屋〕

アカモク小鉢
〔大戸屋〕

昼食

肉盛り！ ワイルドプレートガーリックソース
Bドリンクセット（ライス・とうもろこしのポタージュ・ドリンクバー）〔ガスト〕

間食

ザバス ホエイプロテイン100
ココア味 1,050g
（1食分21g）〔明治〕

五穀ごはんおむすび
ゆず明太子
〔セブン-イレブン〕

バターミルク
（P.139参照）

思うように体重が増えない時は……

- ベースライン指標、糖質比を段階的に高くする
- 食物繊維を十分にとるなどして腸内環境を整える

②リーンバルクアップ期（Lバルク期）

「リーン（引き締まった）バルクアップ（体重を増やす）期」とは、筋肉量を増やしながら体脂肪の増減を調整していく時期です。ある程度の筋肉量がある人が、身体を作りあげるための調整期間ともいえます。「筋肉量増加に加速をつけたい」「体脂肪にそろそろブレーキをかけて筋肉量を増やしたい」「体脂肪を削りながら筋肉量を増やしたい」など、目的や身体の変化に応じて食事内容を調整する必要があります。筋肉を作り込むためには最も難しい時期といえるでしょう。

ポイントは、徐々に糖質量を減らし、タンパク質の割合を増やしていくこと。PFCバランスを微調整しながら進めましょう。

Lバルク期の基準値

◎ベースライン指標

体脂肪と筋肉量の増加をみながら調整

40 ～ 55（標準～やや高め）

◎タンパク質対比

こまめなタンパク質摂取で筋肉の分解を最低限に

1.5 ～ 2.5（標準～やや高め）

◎糖質比

筋肉量の増加を促しながら、体脂肪の増減をコントロール

30% ～ 50%（やや少なめ～標準）

Lバルク期　設定例

身長170㎝（男性）、体重73kg、BMI 25.3（標準〜やや多めの体重）、体脂肪率23%

基準値を設定

ベースライン指標	タンパク質対比	糖質比
50	2	40%

計算式で算出

	タンパク質	脂質	炭水化物	摂取カロリー
比率	16%	44%	40%	2,810.5kcal
分量	112.4g	137.4g	281.1g	

※小数点以下第2位を四捨五入

例えばこんなメニューを

販売が終了している商品もあります（2019年7月現在）

朝食

手巻おにぎり
熟成直火焼き紅しゃけ
〔セブン-イレブン〕

6種具材の
お豆腐とひじきの煮物
〔セブン-イレブン〕

だし香る茶碗蒸し
〔セブン-イレブン〕

フリーズドライ
みそ汁 なめこ
〔セブン-イレブン〕

沖縄県産もずく
〔セブン-イレブン〕

昼食

リブロースステーキ300g
（ラージライス、スープ、サラダ付き）
〔いきなり！ステーキ〕

夕食

プラスベジおろしチキン竜田
もち麦ごはん〔ほっともっと〕

ミニうどん（肉）
〔ほっともっと〕

しじみ汁
〔ほっともっと〕

間食

ザバス　ホエイプロテイン100
ココア味1,050g（1食分21g）〔明治〕

バターミルク
（P.139参照）

思うように筋肉量が増えない時は……

- タンパク質対比・糖質比を段階的に高くする
- トレーニング前後のタンパク質摂取のタイミングを見直す
- タンパク質分解酵素の多いパイナップルやキウイなどの果物をとり入れる

③シェイプアップ期（シェイプ期）

十分な筋肉量が得られた人、つまり筋肉量、体脂肪ともに多めの人は、次に余分な体脂肪をそぎ落としカットのある身体を目指します。

ダイエット目的の人もここからスタート。

シェイプ期には低糖質・高タンパクな PFC バランスが有効。糖質を減らすことで体脂肪がエネルギーに変換されやすくなります。タンパク質を多くとることで筋肉の分解を抑えるのと同時に、食事誘発性熱産生を高めて消費カロリーを増やします。タンパク質は間食を含め毎食しっかりとり、体内のアミノ酸濃度を下げないこと。加えてエネルギー代謝に必要なビタミン・ミネラルを十分とることも重要なポイントです。

シェイプ期の基準値

◎ベースライン指標

低設定を保ちつつ
筋肉分解を極力抑える

30 ～ 40（低め～標準）

◎タンパク質対比

低糖質な分、
タンパク質の割合を
高めに設定

2 ～ 3（高め）

◎糖質比

糖質量を抑え
体脂肪の分解を促す

12% ～ 30%（少なめ）

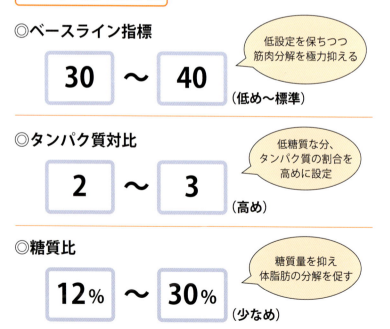

シェイプ期　設定例

身長170㎝（男性）、体重70kg、BMI 24.2（標準～やや多めの体重）、体脂肪率20%

基準値を設定

ベースライン指標	タンパク質対比	糖質比
35	2.5	15%

計算式で算出

	タンパク質	脂質	炭水化物	摂取カロリー
比率	28.6%	56.4%	15%	1,960kcal
分量	140g	122.9g	73.5g	

※小数点以下第２位を四捨五入

例えばこんなメニューを

販売が終了している商品もあります（2019年7月現在）

朝食

ごろっとグラノーラ 3種のまるごと大豆 糖質60%オフ 360g（１食分40g）〔日清シスコ〕

明治THE GREEK YOGURT プレーン 100g〔明治〕

パイナップル（缶詰）

昼食

和ーニャカウダで食べる、野菜のせいろ蒸し〔大戸屋〕

ミニ鶏の竜田揚げ〔大戸屋〕

ミニさばの炭火焼き〔大戸屋〕

夕食

1/２日分の野菜！ だし香る鶏団子鍋〔セブン-イレブン〕

旬を味わうゴーヤチャンプルー〔セブン-イレブン〕

とうふそうめん風〔紀文〕

間食

ザバス ホエイプロテイン 100 ココア味 1,050g（１食分21g）〔明治〕

バターミルク（P.139参照）

思うように体脂肪が減らない、筋肉量が減りすぎるという時は……

- 糖質の摂取量（特に夜間）が多くないかをチェック
- 摂取カロリーやタンパク質量を増やす
- 夕食が多すぎないか、朝食は十分にとれているかをチェック
- 食材のレパートリーを広げ、ビタミンＢ群やミネラルをしっかりとる

基準値は定期的に
見直しを！

摂取カロリー・PFC バランス　計算式一覧

筋肉メシを続けることで、身体は段階的に変化していきます。

50〜52ページの計算式をコピーして、目標とする数値の定期的な見直しに活用してください。

①除脂肪体重を計算

体重（　kg）－（体重（　kg）× 体脂肪率（　%））＝ 除脂肪体重（　kg）

②摂取カロリーを計算

除脂肪体重（　kg）× ベースライン指標（　）＝ 摂取カロリー（　kcal）

③タンパク質摂取量・カロリー量を計算

除脂肪体重（　kg）× タンパク質対比（　）＝ タンパク質摂取量（　g）

タンパク質摂取量（　g）× タンパク質1gあたりのカロリー量（4 kcal）＝ タンパク質摂取カロリー（　kcal）

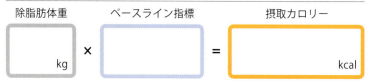

④糖質摂取量・カロリー量を計算

摂取カロリー		糖質比		糖質摂取カロリー
kcal	×	%	=	kcal

糖質摂取カロリー		糖質1gあたりのカロリー量		糖質摂取量
kcal	÷	4 kcal	=	g

⑤脂質摂取量・カロリー量を計算

摂取カロリー		タンパク質摂取カロリー		糖質摂取カロリー		脂質摂取カロリー
kcal	−(	kcal	+	kcal	)=	kcal

脂質摂取カロリー		脂質1gあたりのカロリー量		脂質摂取量
kcal	÷	9 kcal	=	g

緊急告知！

スマホ、パソコン入力でラクラク計算

本書刊行に合わせて、摂取カロリーや PFC バランスの目標値を自動で算出できるシートを公開！（2019年9月以降の稼働を予定）スマートフォンやパソコンからアクセスして必要事項を入力。朝、昼、夕、間の各食の割合の設定や、食事誘発性熱産生（DIT）の算出もできます。 **パソコンはこちらから⇨https://www.utrition.jp**

⑥PFCバランスを計算

タンパク質摂取カロリー		摂取カロリー		タンパク質摂取カロリー比率
kcal	÷	kcal	×100 =	%

脂質摂取カロリー		摂取カロリー		脂質摂取カロリー比率
kcal	÷	kcal	×100 =	%

糖質摂取カロリー		摂取カロリー		糖質摂取カロリー比率
kcal	÷	kcal	×100 =	%

DATA　　　/　　/

		タンパク質	脂質	炭水化物※	摂取カロリー
1日	比率	%	%	%	kcal
	分量	g	g	g	
朝食	%	g	g	g	kcal
昼食	%	g	g	g	kcal
夕食	%	g	g	g	kcal
間食	%	g	g	g	kcal

※計算上、糖質量を炭水化物量として数値化

第2章

自分流の筋肉メシを組み立てる

ＰＦＣバランスをチェックし 目指すカラダに必要な食事を

筋肉メシの組み立て方

筋肉メシの最も重要なポイントは、「自分が何を食べているか」をきちんと把握し、食事内容をコントロールすることです。

この章では生活のＴＰＯに応じた筋肉メシの一例を紹介しています。食事を外で済ませたり、惣菜、お弁当などに頼りがちの方は58ページからの「外食」「中食」カタログを、自炊派の方は１３０ページからの「内食」レシピを参考にしてください。

「外食」「中食」カタログではジャンルごとに各社に協力していただき、主だったメニュー・商品からエネルギー量と、タンパク質、脂質、炭水化物の栄養成分表示を掲載しています。本書で紹介できるのはごく一部ですが、各社のホームページや商品自体に記載されている栄養成分表示を確認し、食事のエネルギーやＰＦＣバランスに目を向けながら、自分の身体を作りあげていきましょう。

カタログの見方（58～91ページ、94～126ページ）

商品名

タンパク質、脂質、炭水化物の重量をカロリー換算し、その比率を円グラフでビジュアル化しています。34ページからの計算式で算出したPFCバランスを円グラフ化してそれに近いものを常にチョイスするという使い方もできます。

食事のエネルギー量と、食事に含まれるタンパク質、脂質、炭水化物の重量です。
※小数点以下第2位を四捨五入しています。

協力企業名　　ジャンル

外食

中食

主に食事を外で済ませる派の筋肉メシカタログです。ファミレスからコンビニまで紹介しています。

著者によるイチオシ情報「今野のイチオシ」など、各ジャンルでメニューを選ぶ際のコツを紹介しています。

※カタログの情報は特に記載がなければ 2019 年 5 月時点のものです。

レシピの見方（130～145ページ）

内食

自炊派のための手作りメニューです。

筋肉メシが推奨する食材である「牛肉」「豚肉」「鶏肉」「卵」「昆布」などを使ったおすすめレシピを紹介。アイコン右上に記載したページでは、その食材の効能を詳しく解説しています。

筋肉メシとして有効なポイントをピックアップ。

成分数値は、検査機関での分析値および「日本食品標準成分表」による数値をもとに各企業および編集部が算出。調理条件等によって変化する場合もあります。

外食

食べたい時にすぐ栄養補給！ 好みの店でがっつり筋肉メシ

好みの店に行き、食べたいメニューを選んでオーダーすれば料理が運ばれてくる手軽さが外食のよいところです。食材の量や調理法にむらがないので、カロリーやPFCバランスを計算しやすいというのも大きな利点です。

外食で気をつけたいのは、糖質・脂質が高めになりやすいことです。幅広い選択肢があるからこそ、PFCバランスをよく考えて選ぶよう心がけましょう。最近では低糖質にフォーカスしたメニューも増えてきているので、状況に応じて活用してください。

糖質オフを極めるなら

ワイルド☆ロック
〔ウェンディーズ・ファーストキッチン〕

エネルギー	779kcal
タンパク質	59.7g
脂質	58g
炭水化物	5.2g

熟成まぐろ　シャリ♥ハーフ
〔くら寿司〕

エネルギー	58kcal
タンパク質	5.6g
脂質	0.3g
炭水化物	5.8g

外食の基本的な食事の組み立て方は、なるべく単品で済ませず、**いくつかのメニューを組み合わせて注文することです。**定食など、あらかじめ複数の料理がセットになっているものを選ぶのもよいでしょう。

ＰＦＣバランスを整えることに加えて、代謝に不可欠なビタミン・ミネラルをバランスよく摂取することも筋肉量を増やすための必須条件です。いろいろな食材から、多様なビタミン・ミネラルを十分に摂取することを意識しましょう。

大手チェーン店の場合は、ホームページで各メニューの栄養成分を掲載していることも多くあります。定期的にチェックして、ＰＦＣバランスを確認しておくと、自分に合った食事をスムーズにチョイスすることができるでしょう。

筋肉メシの組み合わせ例

肉シュウマイ〔バーミヤン〕

バルサミコ酢の黒酢豚〔バーミヤン〕

青菜のにんにく炒め〔バーミヤン〕

エネルギー	1,191kcal
●タンパク質	41.5g
●脂質	72.2g
●炭水化物	89.7g

牛焼肉定食〔松屋〕

豚汁変更〔松屋〕

納豆（ネギ付）〔松屋〕

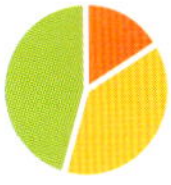

エネルギー	1,029kcal
●タンパク質	41.3g
●脂質	43.3g
●炭水化物	115.4g

※数値は2019年5月～6月時点の情報をもとに編集部で算出

●協力
松屋

おすすめPOINT

定食はライスを
おろし豆腐に変更できる

https://www.matsuyafoods.co.jp
0120-677-139
(9:00〜17:00 土日祝日、年末年始除く)

牛めし・焼肉定食店

ココに注目

店舗数が多く、ほとんどが24時間営業のため、手軽に栄養補給が可能！

今野のイチオシ

カラダを絞るなら牛皿をベースに組み立てて

体脂肪を落としたい場合は、牛皿を選んで追加でライス（ミニ盛）などを単品注文するのがベター。牛皿に冷奴2つといったオーダーでももちろん可能です。朝食メニューもあるので、忙しい朝でもご飯をきちんと食べて筋肉の分解を防ぎましょう。

プレミアム牛皿（並盛）

サイドメニューをプラス

半熟玉子

冷奴

プレミアム牛皿（並盛）＋半熟玉子＋冷奴

エネルギー	429kcal
●タンパク質	24.4g
●脂質	31.8g
●炭水化物	10.5g

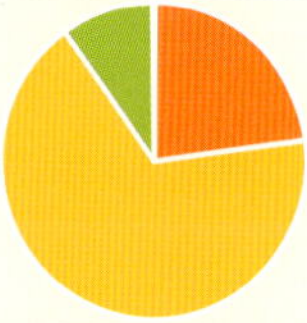

プレミアム牛めし あたま大盛

エネルギー	780kcal
タンパク質	21.7g
脂質	29.5g
炭水化物	102.7g

プレミアム牛めし（並盛）

エネルギー	711kcal
タンパク質	18.9g
脂質	24.1g
炭水化物	100.7g

定番朝定食

朝メニュー

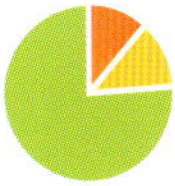

エネルギー	520kcal
タンパク質	14.5g
脂質	7g
炭水化物	95.8g

プレミアム牛皿（並盛）

エネルギー	265kcal
タンパク質	10.3g
脂質	22g
炭水化物	6.3g

ソーセージエッグ定食

朝メニュー

エネルギー	621kcal
タンパク質	18.8g
脂質	14.8g
炭水化物	98.1g

焼鮭定食

朝メニュー

エネルギー	543kcal
タンパク質	18.5g
脂質	8g
炭水化物	95.6g

カルビ焼肉定食

エネルギー	919kcal
タンパク質	30.8g
脂質	41g
炭水化物	103.4g

牛焼肉定食

エネルギー	783kcal
タンパク質	25g
脂質	30.1g
炭水化物	99.9g

豚肩ロースの生姜焼定食

エネルギー 1,124kcal
- タンパク質 31.8 g
- 脂質 58.8g
- 炭水化物 109.4g

豚肩ロースの豚焼肉定食

エネルギー 774kcal
- タンパク質 30g
- 脂質 25.5g
- 炭水化物 99.6g

ブラウンソースの ビーフハンバーグステーキ定食

エネルギー 1,062kcal
- タンパク質 42.7g
- 脂質 36.7g
- 炭水化物 133.9g

キムカル丼（並盛）

エネルギー 816kcal
- タンパク質 24.1g
- 脂質 28.1g
- 炭水化物 112.1g

牛ビビン丼（並盛）

エネルギー 818kcal
- タンパク質 24.4g
- 脂質 28.2g
- 炭水化物 113.1g

豚焼肉と牛カルビの鉄板コンビセット

エネルギー 1,059kcal
- タンパク質 43.5g
- 脂質 51.2g
- 炭水化物 98.9g

オリジナルカレー（並盛）

エネルギー 655kcal
- タンパク質 12.5g
- 脂質 15g
- 炭水化物 113.6g

カレギュウ（並盛）

エネルギー 934kcal
- タンパク質 23.2g
- 脂質 37.1g
- 炭水化物 123.5g

納豆（ネギ付）

エネルギー	85kcal
●タンパク質	7.6g
●脂質	3.9g
●炭水化物	5g

※持ち帰り不可

冷奴

エネルギー	93kcal
●タンパク質	8.3g
●脂質	5g
●炭水化物	4.1g

※持ち帰り不可

焼鮭

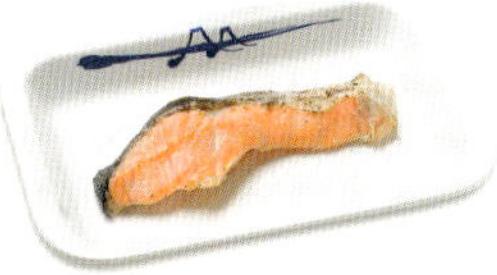

エネルギー	95kcal
●タンパク質	10.1g
●脂質	6g
●炭水化物	0.2g

※持ち帰り不可

半熟玉子

エネルギー	71kcal
●タンパク質	5.8g
●脂質	4.8g
●炭水化物	0.1g

大根おろし

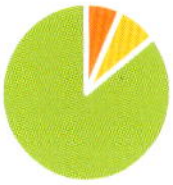

エネルギー	11kcal
●タンパク質	0.2g
●脂質	0.1g
●炭水化物	2.5g

おろし豆腐

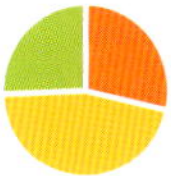

エネルギー	120kcal
●タンパク質	8.7g
●脂質	6.2g
●炭水化物	7.7g

※持ち帰り不可

豚汁変更

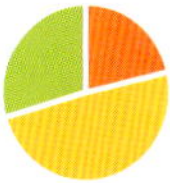

エネルギー	195kcal
●タンパク質	10.5g
●脂質	10.6g
●炭水化物	14.2g

ライス（並盛）

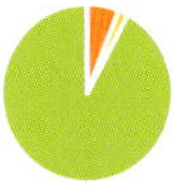

エネルギー	403kcal
●タンパク質	6g
●脂質	0.7g
●炭水化物	89g

●協力
大戸屋

おすすめPOINT

ごはんは白米、五穀米から選べるほか、おかず単品での注文も可能

https://www.ootoya.com/
0120-72-0108
(9:00〜18:00 日曜除く)

定食店

ココに注目

魚系、肉系など多彩なメニューから選べるのが魅力。サイドメニューも豊富で栄養バランスを整えやすい！

今野のイチオシ

オメガ３脂肪酸で「やせホルモン」を分泌

さばは良質なタンパク質とともに、オメガ３脂肪酸のDHA（ドコサヘキサエン酸）、EPA（エイコサペンタエン酸）が豊富です。オメガ３脂肪酸は「やせホルモン」といわれるGLP-1の分泌を促すので（19ページ参照）、「シェイプ期」（43ページ参照）のメニューに最適です。

さばの炭火焼き定食（おかず単品）

単品のおかずをプラス

手造り豆腐のねばねば小鉢

ほうれん草のおひたし

さばの炭火焼き定食（おかず単品）＋手造り豆腐のねばねば小鉢＋ほうれん草のおひたし

エネルギー	868kcal
●タンパク質	51.7g
●脂質	60.5g
●炭水化物	24.9g

※合計数値は編集部で算出

香味唐揚げ定食 五穀ご飯

エネルギー	938kcal
●タンパク質	42.8g
●脂質	44.1g
●炭水化物	86.6g

大戸屋おうちごはん定食 五穀ご飯

エネルギー	809kcal
●タンパク質	25.5g
●脂質	31.7g
●炭水化物	103.7g

鶏と野菜の黒酢あん定食 五穀ご飯

エネルギー	938kcal
●タンパク質	28.6g
●脂質	35.1g
●炭水化物	124.6g

肉だんごのあんかけ定食 五穀ご飯

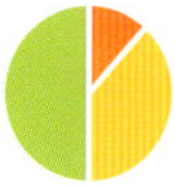

エネルギー	841kcal
●タンパク質	24.4g
●脂質	35.6g
●炭水化物	104.2g

バジルチキンサラダ定食 五穀ご飯

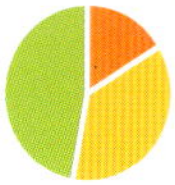

エネルギー	684kcal
●タンパク質	27.8g
●脂質	27.7g
●炭水化物	80.6g

もろみチキンの炭火焼き定食 五穀ご飯

エネルギー	754kcal
●タンパク質	43.2g
●脂質	32.6g
●炭水化物	66.4g

さばの炭火焼き定食 五穀ご飯

エネルギー	874kcal
●タンパク質	37.8g
●脂質	48.8g
●炭水化物	66.3g

すけそう鱈と野菜の黒酢あん定食 五穀ご飯

エネルギー	767kcal
●タンパク質	22.2g
●脂質	19.9g
●炭水化物	123.6g

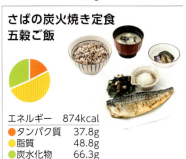

沖目鯛の炭火焼き定食
五穀ご飯

エネルギー	518kcal
●タンパク質	30.2g
●脂質	12.4g
●炭水化物	66.1g

しまほっけの炭火焼き定食
五穀ご飯

エネルギー	589kcal
●タンパク質	47.5g
●脂質	14.3g
●炭水化物	65.8g

鯵の炭火焼き定食
五穀ご飯

エネルギー	739kcal
●タンパク質	57.9g
●脂質	25.7g
●炭水化物	65.8g

連子鯛の炭火焼き定食
五穀ご飯

エネルギー	558kcal
●タンパク質	43.2g
●脂質	9.2g
●炭水化物	70.3g

月見ポークチャップ定食
五穀ご飯

エネルギー	900kcal
●タンパク質	30.6g
●脂質	44.7g
●炭水化物	89.5g

四元豚のロースかつ定食
五穀ご飯

エネルギー	873kcal
●タンパク質	35.8g
●脂質	43.2g
●炭水化物	81.5g

豚の生姜焼き定食
五穀ご飯

エネルギー	780kcal
●タンパク質	23.7g
●脂質	39g
●炭水化物	75.8g

豚と野菜の豆鼓炒め定食
五穀ご飯

エネルギー	645kcal
●タンパク質	18.9g
●脂質	29.6g
●炭水化物	74.8g

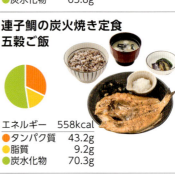

チキン味噌かつ煮定食 五穀ご飯

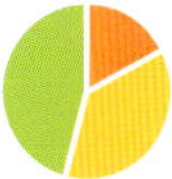

エネルギー	875kcal
●タンパク質	37.8g
●脂質	35.3g
●炭水化物	99g

チキンかあさん煮定食 五穀ご飯

エネルギー	788kcal
●タンパク質	29.6g
●脂質	28.4g
●炭水化物	100.6g

四元豚ロースかつの玉子とじ定食 五穀ご飯

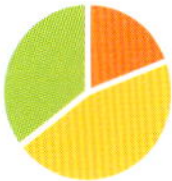

エネルギー	1,054kcal
●タンパク質	49.6g
●脂質	51.8g
●炭水化物	90.5g

野菜と豚の蒸し鍋定食 五穀ご飯

エネルギー	534kcal
●タンパク質	18.1g
●脂質	16.6g
●炭水化物	79.1g

鶏と玉子の二色そぼろ丼と豚汁 五穀ご飯

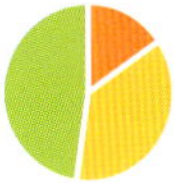

エネルギー	788kcal
●タンパク質	29.4g
●脂質	31.4g
●炭水化物	91.5g

豆腐と肉だんごのトロトロ煮定食 五穀ご飯

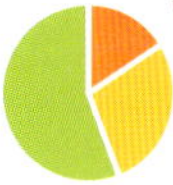

エネルギー	556kcal
●タンパク質	22g
●脂質	17.4g
●炭水化物	76.9g

ばくだん丼

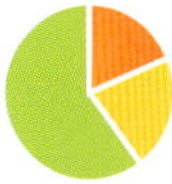

エネルギー	473kcal
●タンパク質	22.1g
●脂質	11.2g
●炭水化物	71.2g

ばくだん丼（まぐろ４枚盛り）

エネルギー	494kcal
●タンパク質	26.9g
●脂質	11.3g
●炭水化物	71.2g

鶏と野菜の塩出汁ぞうすい 五穀ご飯

エネルギー	190kcal
タンパク質	7.8g
脂質	3.6g
炭水化物	31.9g

※五穀ご飯での提供。ご飯への変更、ご飯の量の変更不可

牛たんの炭火焼き定食 五穀ご飯

エネルギー	665kcal
タンパク質	20.3g
脂質	31.8g
炭水化物	70.3g

特選ごちそうフライ定食 五穀ご飯

エネルギー	902kcal
タンパク質	36.2g
脂質	39.7g
炭水化物	99g

※一部、販売のない店舗有

ビフテキの炭火焼き定食 五穀ご飯

エネルギー	988kcal
タンパク質	46.3g
脂質	54.2g
炭水化物	71.2g

※一部店舗では、直火焼きとなる。一部、販売のない店舗有

和ーニャカウダで食べる、野菜のせいろ蒸し

エネルギー	176kcal
タンパク質	4.3g
脂質	12.9g
炭水化物	11.9g

デミハンバーグ定食 五穀ご飯

エネルギー	1,095kcal
タンパク質	52.2g
脂質	55.9g
炭水化物	94.8g

※一部、販売のない店舗有

ミニさばの炭火焼き

エネルギー	275kcal
タンパク質	14.5g
脂質	22.1g
炭水化物	1.9g

ミニ鶏の竜田揚げ

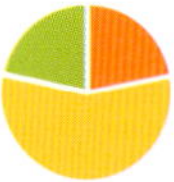

エネルギー	252kcal
タンパク質	13.5g
脂質	15.4g
炭水化物	13.2g

アカモク小鉢

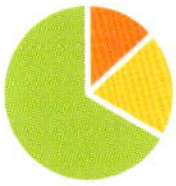

エネルギー	4kcal
●タンパク質	0.3g
●脂質	0.2g
●炭水化物	1.5g

大戸屋風ばくだん小鉢

エネルギー	177kcal
●タンパク質	13.2g
●脂質	9g
●炭水化物	10.2g

手造り豆腐とじゃこのサラダ

エネルギー	251kcal
●タンパク質	17.2g
●脂質	12.9g
●炭水化物	17.8g

手造り豆腐のねばねば小鉢

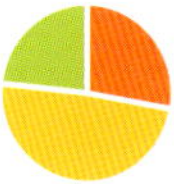

エネルギー	272kcal
●タンパク質	18.9g
●脂質	14.7g
●炭水化物	15.8g

手造り豆腐 ～削りたて鰹本枯節付き～

エネルギー	124kcal
●タンパク質	11.6g
●脂質	5.9g
●炭水化物	5.5g

手造り豆腐サラダ

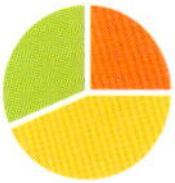

エネルギー	94kcal
●タンパク質	6.2g
●脂質	4.8g
●炭水化物	7.7g

ポテトサラダ

エネルギー	161kcal
●タンパク質	1.6g
●脂質	10g
●炭水化物	16.3g

ほうれん草のおひたし

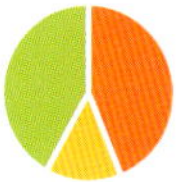

エネルギー	17kcal
●タンパク質	2.1g
●脂質	0.3g
●炭水化物	2.0g

●協力
いきなり！ステーキ

おすすめPOINT

焼き加減やトッピングを
自分流にカスタマイズ！

http://ikinaristeak.com/home/

ステーキレストラン

ココに注目

筋肉メシの定番。近年の肉ブームで、手軽においしいステーキが食べられるように！

今野のイチオシ

肉の旨味を味わえるリブロース

リブロースは脂質がサーロインより少なく、ヒレより多め。肉質がきめ細かく、肉の旨味をがっつり味わいたい時におすすめです。
肉は火の通り具合で食事誘発性熱産生（12ページ参照）が変わります。シェイプ期なら消費カロリーの多いレア、バルク期ならタンパク質の分解・吸収が早いミディアム〜ウェルダンを選択しましょう。

リブロースステーキ

今野のオススメ

ブルーチーズソース＋わさびで
おいしさ＋タンパク質
さらにアップ！

＋

ブロッコリー　35g
＋
ライス（小）　80g

リブロースステーキ 300g＋
ブロッコリー 35g＋ライス（小） 80g

エネルギー	836.9kcal
●タンパク質	63.5g
●脂質	46.5g
●炭水化物	32.4g

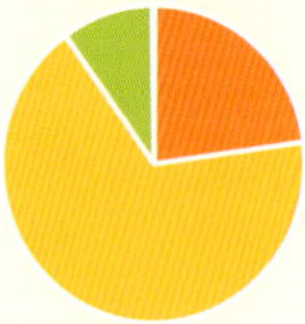

※エネルギー、成分数値には油、調味料は含みません

※成分数値は「日本食品標準成分表2015年版（七訂）」（文部科学省）の以下の食品名の数値をもとに編集部が算出。<牛肉> リブロースステーキ ＝「輸入牛肉 リブロース 脂身つき 生」、本格熟成国産牛サーロインステーキ＝「和牛肉 サーロイン 脂身つき 生」、ヒレステーキ＝「輸入牛肉 ヒレ 赤肉 生」。<つけ合わせ>ブロッコリー＝「花序 ゆで」、いんげんまめ＝「さやいんげん 若ざや ゆで」、オニオン＝「たまねぎ りん茎 生」、じゃがいも＝「塊茎 蒸し」、スイートコーン＝「カーネル 冷凍」。ライス（小）＝「水稲めし 精白米 うるち米」

本格熟成国産牛サーロインステーキ

エネルギー	1,494kcal
タンパク質	35.1g
脂質	142.5g
炭水化物	0.9g

※300gで算出
※取り扱いがない店舗有

リブロースステーキ

エネルギー	693kcal
タンパク質	60.3g
脂質	46.2g
炭水化物	1.2g

※300gで算出

スイートコーン

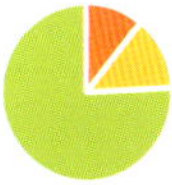

定番

エネルギー	59.4kcal
タンパク質	1.7g
脂質	0.9g
炭水化物	11.6g

※60gで算出

ヒレステーキ

エネルギー	399kcal
タンパク質	61.5g
脂質	14.4g
炭水化物	0.9g

※300gで算出

オニオン

チェンオニ

エネルギー	11.1kcal
タンパク質	0.3g
脂質	0g
炭水化物	2.6g

※30gで算出

いんげんまめ

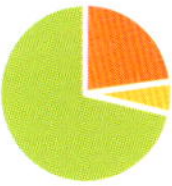

チェンゲン

エネルギー	13kcal
タンパク質	0.9g
脂質	0.1g
炭水化物	2.8g

※50gで算出

ブロッコリー

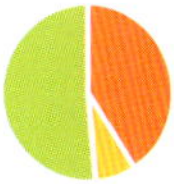

チェンブロ

エネルギー	9.5kcal
タンパク質	1.2g
脂質	0.1g
炭水化物	1.5g

※35gで算出

じゃがいも

チェンジャガ

エネルギー	84kcal
タンパク質	1.5g
脂質	0.1g
炭水化物	19.7g

※100g（小２個）で算出

●協力
ウェンディーズ・ファーストキッチン

おすすめPOINT

圧倒的な"筋肉バーガー"をお試しあれ！

https://wendys-firstkitchen.co.jp

ファストフード店

ココに注目

PFCバランスをコントロールできれば、ファストフードも恐れる必要はなし！

今野のイチオシ

ワイルド☆ロックなら糖質はほぼゼロ

バンズの代わりにパティを使う「ワイルド☆ロック」は、見た目のインパクトも大！ 糖質はほぼゼロで、タンパク質が豊富です。筋肉メシはストイックにガマンすると続きません。組み合わせによってはハンバーガーでも筋肉メシを実現することが可能です。足りない栄養素はトッピングで補いましょう。

ワイルド☆ロック

おすすめトッピング

プリクックベーコン 3枚

エネルギー	26kcal
●タンパク質	1.7g
●脂質	2.1g
●炭水化物	0.1g

スライスチーズ 1枚

エネルギー	46kcal
●タンパク質	2.5g
●脂質	3.7g
●炭水化物	0.2g

チーズソース

エネルギー	28kcal
●タンパク質	0.7g
●脂質	1.4g
●炭水化物	0.9g

キャベツ

エネルギー	5kcal
●タンパク質	0.3g
●脂質	0.1g
●炭水化物	1.1g

レタス 1枚

エネルギー	2kcal
●タンパク質	0.1g
●脂質	0.1g
●炭水化物	0.3g

スライストマト 1枚

エネルギー	4kcal
●タンパク質	0.2g
●脂質	0.1g
●炭水化物	1g

ウェンディーズバーガーUSA

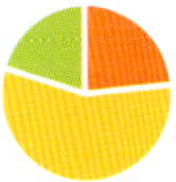

エネルギー	605kcal
タンパク質	35.5g
脂質	38.2g
炭水化物	30.4g

ワイルド☆ロック

エネルギー	779kcal
タンパク質	59.7g
脂質	58g
炭水化物	5.2g

ウェンディーズバーガーUSA トリプル

エネルギー	1,211kcal
タンパク質	89.7g
脂質	81.5g
炭水化物	32.6g

ウェンディーズバーガーUSA ダブル

エネルギー	885kcal
タンパク質	61.3g
脂質	58g
炭水化物	31.4g

スパイシーチキン

エネルギー	450kcal
タンパク質	24.0g
脂質	32g
炭水化物	16.0g

スパイシーチキンフィレバーガー

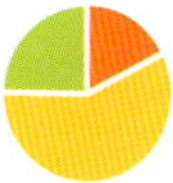

エネルギー	662kcal
タンパク質	29.1g
脂質	42.3g
炭水化物	40.6g

ウェンディーズチリ M

エネルギー	199kcal
タンパク質	11g
脂質	11.1g
炭水化物	15.1g

スマート ウェンディーズバーガー

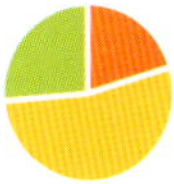

エネルギー	401kcal
タンパク質	20.5g
脂質	23.8g
炭水化物	26.4g

●協力
ガスト

おすすめPOINT

糖質45％OFFの
ほうれん草麺が人気！

https://www.skylark.co.jp/gusto/

ファミリーレストラン

ココに注目

バラエティー豊かなメニューで使い勝手のいいファミリーレストラン。ガストではテイクアウトや宅配サービスも可能。

今野のイチオシ

3種の肉の栄養素を一度に摂取できる

牛・豚・鶏は、それぞれ秀でた栄養素を持っています。ミックスグリルの優れた点は、その3種の肉が一緒に食べられ、各栄養素をとれるところにあります。また、味の変化を楽しめるのもミックスグリルならでは！

ミックスグリル

ミックスグリル	
エネルギー	1,020kcal
●タンパク質	52g
●脂質	73g
●炭水化物	36g

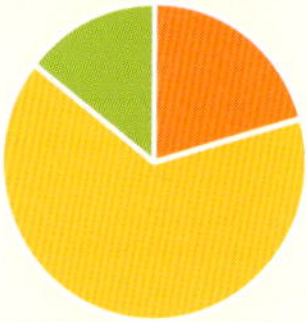

おすすめの麺

1日分の野菜のベジ塩タンメン
(糖質控えめ・ほうれん草麺)

ピリ辛肉味噌担担麺
(糖質控えめ・ほうれん草麺)

麺が食べたくなったら、通常の麺より糖質を45％抑えたほうれん草麺※というチョイスも。タンメンなら野菜もたっぷりとれます。

※ガスト使用の中華麺100gと比較

※商品および商品情報は2019年6月末時点のものです。(P.72～P.75)

ビーフカットステーキ 生ステーキソース

エネルギー	555kcal
●タンパク質	28g
●脂質	37.2g
●炭水化物	22.7g

肉盛り！ ワイルドプレート ガーリックソース

エネルギー	1,193kcal
●タンパク質	52.6g
●脂質	79.3g
●炭水化物	64.5g

豚ロースのおろしとんかつ

エネルギー	752kcal
●タンパク質	28.2g
●脂質	43.3g
●炭水化物	60.2g

豚ロースのとんかつ

エネルギー	760kcal
●タンパク質	26.9g
●脂質	43.7g
●炭水化物	63.1g

豚肉てんこもやし

エネルギー	363kcal
●タンパク質	12.8g
●脂質	21.9g
●炭水化物	27.8g

豚肉の生姜焼き

エネルギー	678kcal
●タンパク質	20.4g
●脂質	52.7g
●炭水化物	25.6g

チキンとモッツァレラの トマトオーブン焼き

エネルギー	459kcal
●タンパク質	17.7g
●脂質	38.1g
●炭水化物	9.6g

チキテキ・ピリ辛スパイス焼き

エネルギー	762kcal
●タンパク質	47.4g
●脂質	49g
●炭水化物	27g

ハンバーグ＆チキン南蛮

エネルギー	1,283kcal
●タンパク質	50.1g
●脂質	93.1g
●炭水化物	57.3g

ハンバーグステーキ

エネルギー	615kcal
●タンパク質	28g
●脂質	43.1g
●炭水化物	29.3g

チーズINハンバーグ

エネルギー	708kcal
●タンパク質	32.1g
●脂質	51.6g
●炭水化物	29.9g

若鶏の竜田揚げ おろしポン酢

エネルギー	459kcal
●タンパク質	23.1g
●脂質	27g
●炭水化物	28.4g

焼き野菜と大葉おろしの和風ハンバーグ

エネルギー	624kcal
●タンパク質	27.8g
●脂質	45.9g
●炭水化物	26.5g

アボカドチーズINハンバーグ

エネルギー	889kcal
●タンパク質	32.2g
●脂質	72.2g
●炭水化物	30.3g

1日分の野菜のベジ塩タンメン（糖質控えめ・ほうれん草麺）

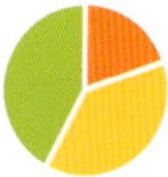

エネルギー	534kcal
●タンパク質	28.3g
●脂質	24.6g
●炭水化物	61g

ピリ辛肉味噌担担麺（糖質控えめ・ほうれん草麺）

エネルギー	961kcal
●タンパク質	45g
●脂質	61.6g
●炭水化物	66.2g

若鶏のグリル ガーリックソース

エネルギー 657kcal
- タンパク質 43.3g
- 脂質 47.1g
- 炭水化物 9.8g

若鶏の熟成醤油もろみ焼き

エネルギー 576kcal
- タンパク質 43.7g
- 脂質 40.1g
- 炭水化物 4.2g

さばの味噌煮

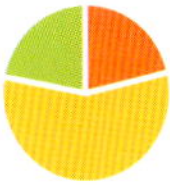

エネルギー 387kcal
- タンパク質 21.2g
- 脂質 24.6g
- 炭水化物 21.5g

若鶏と彩り野菜の黒酢あん

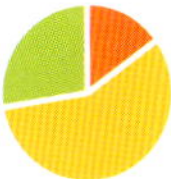

エネルギー 479kcal
- タンパク質 18g
- 脂質 30.4g
- 炭水化物 32.5g

アボカドシュリンプのコブサラ(S)

エネルギー 324kcal
- タンパク質 9g
- 脂質 27.2g
- 炭水化物 12.6g

海老とアボカドのタルタル仕立て

エネルギー 263kcal
- タンパク質 7.1g
- 脂質 24.6g
- 炭水化物 5.3g

ちりめんじゃこと豆腐のねばとろサラダ(S)

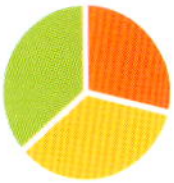

エネルギー 178kcal
- タンパク質 12.9g
- 脂質 6.9g
- 炭水化物 16.1g

トマトとモッツァレラのカプレーゼ風

エネルギー 250kcal
- タンパク質 13.2g
- 脂質 21.2g
- 炭水化物 1.8g

●協力
バーミヤン

おすすめPOINT

栄養たっぷりで
バリエーション豊かな
メニューがそろう

https://www.skylark.co.jp/bamiyan/

中華レストラン

ココに注目

肉、野菜など栄養価の高い食材をたっぷりとれるメニューがそろう。身体を大きくしたいバルク期におすすめ！

今野のイチオシ

「半玉盛り」などオーダーに工夫を

身体を絞るシェイプ期にラーメンなどの中華が食べたくなったら、ガマンしてストレスをためるよりも、麺の半玉盛りや、少なめごはんでオーダーを。野菜たっぷりタンメンや、中華丼など、具だくさんのメニューがおすすめです。
肉や野菜など栄養価の高い食材を使ったサイドメニューを組み合わせるのもよいでしょう。

中華丼

野菜たっぷりタンメン

サイドメニューをプラス

肉シュウマイ（5コ）

本格焼餃子（6コ）

著者が特におすすめしたい
サイドメニューは
肉シュウマイ。
糖質控えめで、タンパク質は
しっかり補強！

※商品および商品情報は2019年6月末時点のものです。(P.76〜P.81)

酢豚定食

エネルギー	1,681kcal
タンパク質	43.7g
脂質	91.6g
炭水化物	162.1g

バーミヤン定食

エネルギー	1,551kcal
タンパク質	43.3g
脂質	79.5g
炭水化物	165.9g

豚肉とキクラゲ玉子炒め定食

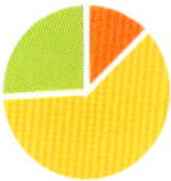

エネルギー	1,771kcal
タンパク質	55.5g
脂質	117.4g
炭水化物	111.1g

2種ソースで仕上げた大判油淋鶏定食

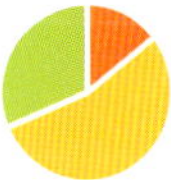

エネルギー	1,847kcal
タンパク質	65g
脂質	107.9g
炭水化物	140.2g

野菜たっぷりタンメン

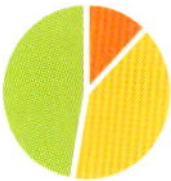

エネルギー	763kcal
タンパク質	23.8g
脂質	34.3g
炭水化物	89.9g

中華丼

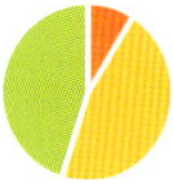

エネルギー	759kcal
タンパク質	17g
脂質	38.3g
炭水化物	84g

天津飯

エネルギー	918kcal
タンパク質	26.4g
脂質	55.6g
炭水化物	73g

チャーハン

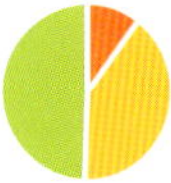

エネルギー	785kcal
タンパク質	20.6g
脂質	34.9g
炭水化物	96.3g

※定食は平日（土日祝日除く）17:00～の提供となります

自家製チャーシュー麺

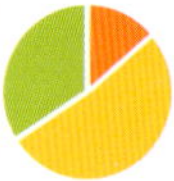

エネルギー	1,195kcal
●タンパク質	42.9g
●脂質	72.9g
●炭水化物	106.1g

バーミヤンラーメン

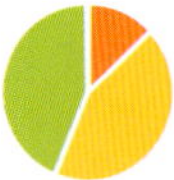

エネルギー	779kcal
●タンパク質	25.5g
●脂質	37.9g
●炭水化物	85.8g

五目麺

エネルギー	885kcal
●タンパク質	27.5g
●脂質	40.6g
●炭水化物	100.2g

本格濃厚 博多とんこつラーメン

エネルギー	947kcal
●タンパク質	42.9g
●脂質	45.6g
●炭水化物	97.8g

肉シュウマイ（5コ）

エネルギー	294kcal
●タンパク質	14.1g
●脂質	17.1g
●炭水化物	19g

本格焼餃子（6コ）

エネルギー	486kcal
●タンパク質	10.2g
●脂質	32.6g
●炭水化物	36.3g

サバの甘酢しょうゆ定食

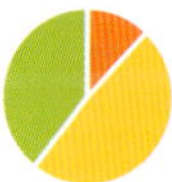

エネルギー	1,430kcal
●タンパク質	43.1g
●脂質	76.4g
●炭水化物	138.8g

小籠包（4コ）

エネルギー	200kcal
●タンパク質	11g
●脂質	5.5g
●炭水化物	26.9g

チンジャオロース

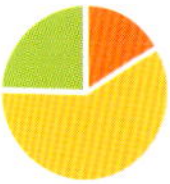

エネルギー	441kcal
●タンパク質	18.3g
●脂質	28.4g
●炭水化物	26.4g

海老のチリソース

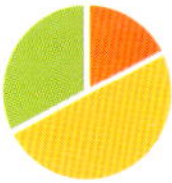

エネルギー	527kcal
●タンパク質	22.5g
●脂質	28.6g
●炭水化物	41.6g

コク旨マーボー豆腐

エネルギー	506kcal
●タンパク質	16g
●脂質	39g
●炭水化物	21.5g

ホイコーロウ

エネルギー	592kcal
●タンパク質	17.4g
●脂質	46.1g
●炭水化物	25g

香港風酢豚

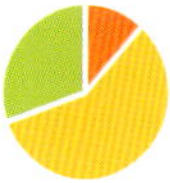

エネルギー	721kcal
●タンパク質	21.2g
●脂質	45.7g
●炭水化物	53.2g

花椒とラー油の赤麻婆豆腐

エネルギー	646kcal
●タンパク質	18.1g
●脂質	54g
●炭水化物	21.1g

サバ唐揚げ甘酢しょうゆ

エネルギー	436kcal
●タンパク質	19.1g
●脂質	33.8g
●炭水化物	13.9g

バルサミコ酢の黒酢豚

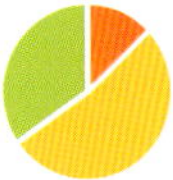

エネルギー	695kcal
●タンパク質	22.1g
●脂質	39.6g
●炭水化物	59g

サクサクしっとり塩麹のからあげ（4コ）

エネルギー	520kcal
●タンパク質	26g
●脂質	40.5g
●炭水化物	15.3g

カリッとジューシー特製からあげ（4コ）

エネルギー	447kcal
●タンパク質	20.8g
●脂質	30.5g
●炭水化物	19.1g

青菜のにんにく炒め

エネルギー	202kcal
●タンパク質	5.3g
●脂質	15.5g
●炭水化物	11.7g

豚肉とキクラゲ玉子炒め

エネルギー	1,114kcal
●タンパク質	43.4g
●脂質	96.9g
●炭水化物	8.2g

2種ソースで仕上げた大判油淋鶏

エネルギー	1,058kcal
●タンパク質	45.4g
●脂質	79g
●炭水化物	32.9g

たっぷり野菜炒め

エネルギー	439kcal
●タンパク質	9.9g
●脂質	35.1g
●炭水化物	19.9g

いかゲソ唐揚げのチリソース添え

エネルギー	412kcal
●タンパク質	20.7g
●脂質	27.8g
●炭水化物	18.5g

炙りビンチョウマグロの秘醤ソース

エネルギー	168kcal
●タンパク質	17.5g
●脂質	6.2g
●炭水化物	10g

おつまみ３種盛り

エネルギー	231kcal
タンパク質	12.1g
脂質	17.6g
炭水化物	10.2g

海老マヨサラダ

エネルギー	723kcal
タンパク質	13.8g
脂質	60g
炭水化物	33g

おつまみバンバンジー

エネルギー	159kcal
タンパク質	14.2g
脂質	8.8g
炭水化物	7g

豆腐のバンバンジーサラダ

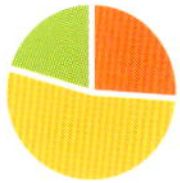

エネルギー	318kcal
タンパク質	21.6g
脂質	19.5g
炭水化物	16.8g

肉味噌きゅうり

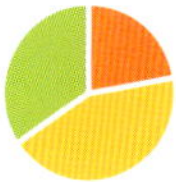

エネルギー	191kcal
タンパク質	11.7g
脂質	10.1g
炭水化物	18g

※持ち帰り不可

北京ダック

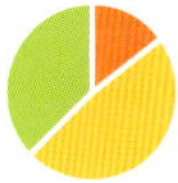

エネルギー	680kcal
タンパク質	21.9g
脂質	31.7g
炭水化物	55.1g

枝豆

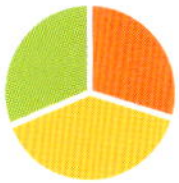

エネルギー	200kcal
タンパク質	16.3g
脂質	9.5g
炭水化物	16.8g

※持ち帰り不可

〈トッピング〉味付け玉子

エネルギー	70kcal
タンパク質	5.9g
脂質	4.6g
炭水化物	1.4g

●協力
くら寿司

おすすめPOINT

シャリサイズ半分カットの「シャリ♥ハーフ」が人気！

http://www.kura-corpo.co.jp/

☎ 0120-989-014
(10:00～18:00 月～金曜)

回転寿司チェーン

ココに注目 1品が手頃なサイズで、寿司やサイドメニューをいろいろと組み合わせることができ、栄養の幅を広げられる！

今野のイチオシ

必須脂肪酸はいわしやさばの寿司で

青魚に多く含まれる DHA(ドコサヘキサエン酸)、EPA(エイコサペンタエン酸)はカラダを作る重要な成分ですが、これらは体内で合成することができず、食事だけで得られる必須脂肪酸です。

熱に弱く、酸化しやすいという特徴を持つため、DHA や EPA を摂取するなら青魚を新鮮な刺し身や寿司で食べるのがベストです。

真いわし

肉厚とろ〆さば

「シャリ♥ハーフ」で糖質オフ

熟成まぐろ

熟成まぐろ
シャリ♥ハーフ

11.6g → 炭水化物 1/2量 → 5.8g

くら寿司では、にぎりメニューのほぼすべてのネタで「シャリ♥ハーフ」に対応してくれます。

※一部店舗を除く

※メニューは店舗・時期によって異なります

熟成まぐろ

エネルギー	88kcal
●タンパク質	6g
●脂質	0.3g
●炭水化物	11.6g

熟成まぐろ　シャリ♥ハーフ

エネルギー	58kcal
●タンパク質	5.6g
●脂質	0.3g
●炭水化物	5.8g

肉厚とろ〆さば

エネルギー	151kcal
●タンパク質	6.4g
●脂質	8.2g
●炭水化物	12.1g

真いわし

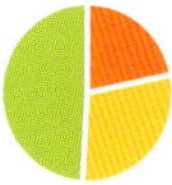

エネルギー	108kcal
●タンパク質	5.2g
●脂質	3.1g
●炭水化物	11.7g

熟成びんちょう赤身

エネルギー	99kcal
●タンパク質	7g
●脂質	0.2g
●炭水化物	11.6g

サーモン

エネルギー	93kcal
●タンパク質	4g
●脂質	2.7g
●炭水化物	11.6g

寿司にはやっぱりガリ！

ショウガの甘酢漬けであるガリは、代謝を向上させる作用とともに、血糖値の急上昇を抑える働きもあるといわれます。加えて、酢酸の効果で腸内環境も改善！ お寿司を食べる際の心強い味方です。

シャリ野菜 とび子サーモン

エネルギー	32kcal
●タンパク質	3.9g
●脂質	0.4g
●炭水化物	3.6g

※成分表示はすべて１皿あたり

大葉真いか

エネルギー	75kcal
タンパク質	3.7g
脂質	0.2g
炭水化物	11.6g

甘えび

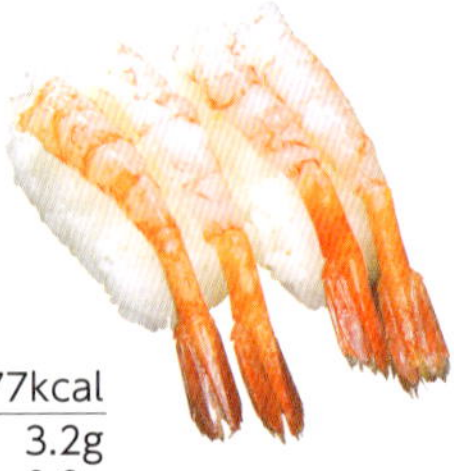

エネルギー	77kcal
タンパク質	3.2g
脂質	0.2g
炭水化物	11.6g

ほっき貝

エネルギー	69kcal
タンパク質	2.2g
脂質	0.1g
炭水化物	12.3g

ゆず塩かつおたたき

エネルギー	89kcal
タンパク質	6.1g
脂質	0.2g
炭水化物	12.9g

特選タレ焼き うなぎ(一貫)

エネルギー	83kcal
タンパク質	3.7g
脂質	3g
炭水化物	6.9g

たまご焼き

エネルギー	114kcal
タンパク質	3.6g
脂質	2.4g
炭水化物	16.2g

納豆

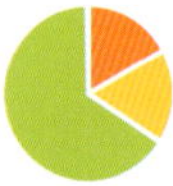

エネルギー	116kcal
タンパク質	4.2g
脂質	1.9g
炭水化物	16.3g

うに入り海鮮軍艦

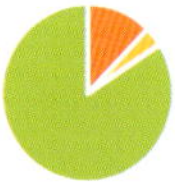

エネルギー	95kcal
タンパク質	2.4g
脂質	0.3g
炭水化物	16.3g

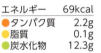

たっぷりねぎまぐろ手巻き

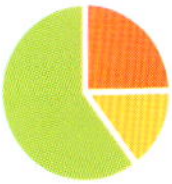

エネルギー	89kcal
●タンパク質	4.8g
●脂質	1.3g
●炭水化物	11.6g

鉄火巻

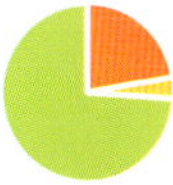

エネルギー	136kcal
●タンパク質	6.8g
●脂質	0.5g
●炭水化物	22.4g

ハンバーグ

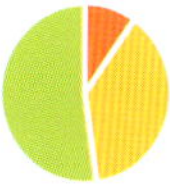

エネルギー	111kcal
●タンパク質	3g
●脂質	5.2g
●炭水化物	15.9g

※シャリハーフ非対応

竹姫寿司 いくら

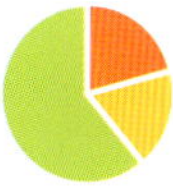

エネルギー	46kcal
●タンパク質	2.1g
●脂質	0.8g
●炭水化物	6.1g

すしやのうな丼

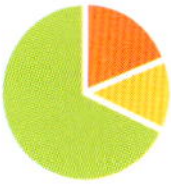

エネルギー	611kcal
●タンパク質	29.3g
●脂質	8.7g
●炭水化物	104g

特製茶碗蒸し

エネルギー	67kcal
●タンパク質	6.5g
●脂質	3.2g
●炭水化物	2.8g

ブロッコリーサラダ

エネルギー	100kcal
●タンパク質	4.7g
●脂質	9.6g
●炭水化物	2.9g

7種の魚介 醤油糖質オフ麺（関東）

エネルギー	195kcal
●タンパク質	7.9g
●脂質	16.4g
●炭水化物	3.5g

※成分表示はすべて１皿あたり

●協力
鳥貴族

おすすめPOINT
いろいろ選べる
焼き鳥は筋肉メシ界の
レギュラー商品

https://www.torikizoku.co.jp/

居酒屋チェーン

ココに注目

飲み会の席でも筋肉メシは実践できる。定番の焼き鳥をはじめ、幅広い選択が可能！

今野のイチオシ

食感や味を楽しみつつ糖質をコントロール

焼き鳥は部位によって含まれる脂質や栄養素が異なります。皮、手羽先は脂質が多く、ささみ、砂肝は脂質が少なめです。
食感や味のバリエーションを楽しみながらも、味つけは慎重にチョイスを。糖質が気になる人はタレを避けて塩をオーダーしましょう。

きも（レバー）
鉄を多く含むほか、タンパク質分解の補酵素として働くビタミンB_{12}や葉酸が豊富。

ささみ
脂質がほとんどなく、純粋なタンパク源として最適。

やげん軟骨
カルシウム含有量が高く、筋トレ後のカルシウム補給におすすめ。

memo

筋肉メシとアルコール

アルコールは肝臓で分解され、タンパク質、脂質、糖質よりも優先的に処理されます。そのためお酒を大量に飲みながら高カロリーの食事をとると、体脂肪が増える原因になることも。

また、ビールや日本酒などの醸造酒は血糖値を上げることが知られていますが、アルコール自体は血糖値を下げる働きがあります。エネルギーを使い果たした状態で飲み過ぎると低血糖状態に陥る可能性があるので、ハードワーク後のお酒はほどほどに。

もも貴族焼 塩

エネルギー	204kcal
●タンパク質	19.9g
●脂質	11.6g
●炭水化物	2.9g

もも貴族焼 たれ

エネルギー	235kcal
●タンパク質	20.6g
●脂質	11.8g
●炭水化物	9.6g

むね貴族焼 たれ

エネルギー	198kcal
●タンパク質	27.6g
●脂質	5.3g
●炭水化物	8.6g

もも貴族焼 スパイス

エネルギー	209kcal
●タンパク質	19.9g
●脂質	11.6g
●炭水化物	3.9g

むね貴族焼 スパイス

エネルギー	178kcal
●タンパク質	27.2g
●脂質	5.2g
●炭水化物	4.1g

むね貴族焼 塩

エネルギー	172kcal
●タンパク質	27g
●脂質	5.2g
●炭水化物	3g

手羽先

エネルギー	106kcal
●タンパク質	11.1g
●脂質	6.2g
●炭水化物	0.1g

三角（ぼんじり）

エネルギー	176kcal
●タンパク質	7.2g
●脂質	16.3g
●炭水化物	0.1g

※成分表示はすべて1皿あたり

ささみ

エネルギー	90kcal
●タンパク質	20.1g
●脂質	0.6g
●炭水化物	0.1g

つくね塩

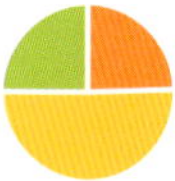

エネルギー	235kcal
●タンパク質	13.9g
●脂質	12.8g
●炭水化物	14.1g

砂ずり（砂肝）

エネルギー	59kcal
●タンパク質	12.1g
●脂質	0.9g
●炭水化物	0.1g

ハート塩 ガーリック入

エネルギー	102kcal
●タンパク質	8.9g
●脂質	6.7g
●炭水化物	0.2g

やげんなんこつ

エネルギー	59kcal
●タンパク質	7.6g
●脂質	3.2g
●炭水化物	0.1g

かわ塩

エネルギー	283kcal
●タンパク質	8.7g
●脂質	26.2g
●炭水化物	0.8g

せせり ガーリック入

エネルギー	145kcal
●タンパク質	14.3g
●脂質	9.6g
●炭水化物	0.5g

ひざなんこつ

エネルギー	26kcal
●タンパク質	6g
●脂質	0.2g
●炭水化物	0.3g

きも（レバー）

エネルギー	121kcal
タンパク質	19.6g
脂質	2.4g
炭水化物	4.4g

みたれ（もも肉）

エネルギー	175kcal
タンパク質	15.9g
脂質	9.3g
炭水化物	4.5g

つくねたれ

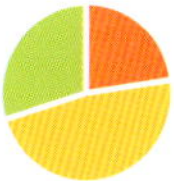

エネルギー	260kcal
タンパク質	14.5g
脂質	13.4g
炭水化物	18.7g

つくねチーズ焼

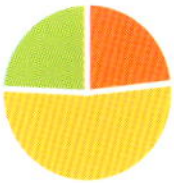

エネルギー	300kcal
タンパク質	17.3g
脂質	17g
炭水化物	17.7g

ハートたれ

エネルギー	109kcal
タンパク質	9.1g
脂質	6.7g
炭水化物	1.8g

かわたれ

エネルギー	330kcal
タンパク質	9.9g
脂質	26.5g
炭水化物	10.8g

ピーマン肉詰 ポン酢味

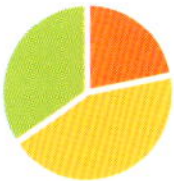

エネルギー	111kcal
タンパク質	6g
脂質	5.3g
炭水化物	9.4g

骨付まつばのスパイス焼

エネルギー	124kcal
タンパク質	25.6g
脂質	1.4g
炭水化物	0.6g

むね肉明太マヨネーズ風焼

エネルギー	177kcal
●タンパク質	19.6g
●脂質	9.9g
●炭水化物	1.2g

ささみわさび焼

エネルギー	166kcal
●タンパク質	20.9g
●脂質	5.9g
●炭水化物	6g

牛串焼 果実とにんにくの旨味

エネルギー	101kcal
●タンパク質	7.2g
●脂質	6.8g
●炭水化物	2.7g

もちもちチーズ焼

エネルギー	167kcal
●タンパク質	3.1g
●脂質	2.1g
●炭水化物	32.7g

トリキの唐揚

エネルギー	342kcal
●タンパク質	28.3g
●脂質	7.9g
●炭水化物	37.8g

豚バラ串焼

エネルギー	148kcal
●タンパク質	7.2g
●脂質	12.2g
●炭水化物	0.1g

粗挽ポークソーセージ串焼

エネルギー	271kcal
●タンパク質	7.6g
●脂質	23.6g
●炭水化物	7.1g

よだれどり

エネルギー	227kcal
●タンパク質	14g
●脂質	17g
●炭水化物	2.9g

ひざなんこつ唐揚

エネルギー	103kcal
タンパク質	6.6g
脂質	4.1g
炭水化物	10.1g

チキン南蛮

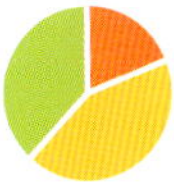

エネルギー	517kcal
タンパク質	24.2g
脂質	24.5g
炭水化物	48.5g

ホルモンねぎ盛ポン酢

エネルギー	74kcal
タンパク質	8.5g
脂質	3g
炭水化物	2.7g

ふんわり山芋の鉄板焼

エネルギー	169kcal
タンパク質	6.3g
脂質	6.5g
炭水化物	23g

とり釜飯

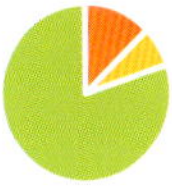

エネルギー	494kcal
タンパク質	15.4g
脂質	3.8g
炭水化物	95.4g

親鶏炙り焼 塩ポン酢味

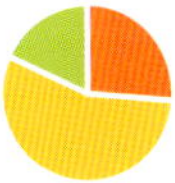

エネルギー	142kcal
タンパク質	9.2g
脂質	8.5g
炭水化物	6.2g

焼とり丼

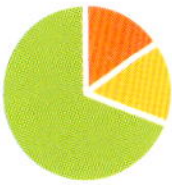

エネルギー	435kcal
タンパク質	16.6g
脂質	7.1g
炭水化物	72.9g

とり雑炊

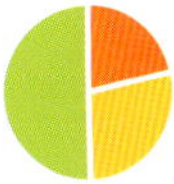

エネルギー	249kcal
タンパク質	13g
脂質	7.6g
炭水化物	30.3g

中食

弁当、惣菜、コンビニ商品 自由に組み合わせる筋肉メシ

「中食」とはコンビニやスーパー、総菜店などで調理済みのおかずや弁当を買ってきたり、デリバリーを利用したりして、自宅や職場などで食べることです。その魅力は、調理せずにすぐ食事ができること。また、外食では当然ながらその店のメニューの中からしか食べるものを選べませんが、中食なら、弁当1個に、別の店で買ったチーズやおにぎりをチョイ足しするなど、いろいろと応用が利きます。また、ほとんどの商品には栄養成分表示が記載されているので、それを確認しながらＰＦＣバランスを調整できるのも大きなメリットです。

中食は、朝が忙しい人の朝食としてもおすすめです。前日の夜にコンビニなどに立ち寄り、翌朝用のおかずを買って冷蔵庫に入れておけば、調理の手間なしで朝ご飯をすぐに食べられます。

気をつけたい点としては、お気に入りの商品ばかり買ってしまいがちなところです。

筋肉メシを進めるうえで陥りがちなのが、身体の変化が順調なことに気をよくして、同じ食事を繰り返してしまうことです。すると、最初は順調だったのに、次第に成果が滞ってしまうということをよく耳にします。なぜこうなるかというと、同じ食事だけを繰り返していると、自分では気付かないうちに、どうしても不足する栄養素が出てくるからです。そのうえ、毎日同じ食事ばかりでは、身体の全細胞が「ああ、また同じものか」という反応になって、栄養吸収も悪くなってしまいます。

中食の特長である、**好きな場所で食べられ、多くの選択肢から自由に組み合わせられる**という利点を生かし、いろいろな商品から幅広い食品・食材を選び、ビタミン・ミネラルのバランスを整えるように心がけましょう。

筋肉メシの組み合わせ例

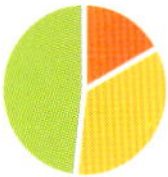

エネルギー　1,050kcal

タンパク質	45.7g
脂質	40.9g
炭水化物	128g

カルビ焼肉〔ほっともっと〕

もち麦ごはん
〔ほっともっと〕

1/2日分の野菜！ だし香る鶏団子鍋
〔セブン-イレブン〕

味付きめかぶ
〔セブン-イレブン〕

※数値は2019年5月～6月時点の情報をもとに編集部で算出

●協力
ほっともっと

おすすめPOINT

弁当はライスの量も選べて経済的

https://www.hottomotto.com/

惣菜

ココに注目

種類が豊富な惣菜でタンパク質をチャージ。作りたての揚げ物は酸化が少ないのもうれしいポイント。

今野のイチオシ

筋肉メシでもダントツ人気のからあげ

「日本人の国民食」といえるほどの人気を誇る、鶏のからあげ。高カロリーゆえ敬遠されがちですが、タンパク質がしっかりとれる優秀な筋肉メシです。人気メニューで入手しやすいので、何を食べようか迷った時にはからあげをチョイス。サイドメニューを活用すれば栄養バランスの調整も可能です。

から揚弁当（4コ入り）
ライス普通盛

	から揚弁当（4コ入り）			から揚おかずのみ（4コ入り）
	ライス大盛	ライス普通盛	ライス小盛	
エネルギー	901kcal	750kcal	644kcal	372kcal
●タンパク質	33.5g	31.5g	30.1g	26.5g
●脂質	19.3g	19g	18.8g	18.2g
●炭水化物	148.1g	113.1g	88.6g	25.6g

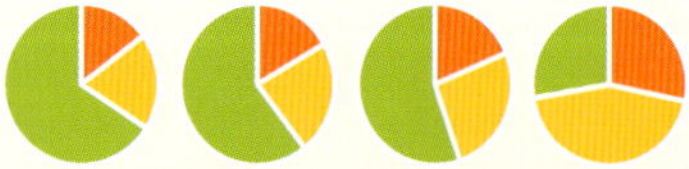

もち麦ごはんに変更可能

もち麦は穀物の中でも食物繊維の一種β-グルカン（水溶性食物繊維）が多く含まれていることで知られています。ほっともっとではほぼ全商品のごはんが「もち麦ごはん」に変更可能です。

みそ汁やスープをプラス

	しじみ汁	なめこ汁	わかめスープ
エネルギー	39kcal	42kcal	35kcal
●タンパク質	2.6g	2.9g	1.8g
●脂質	0.9g	0.9g	1.3g
●炭水化物	5.1g	5.6g	3.8g

※2019年6月時点の情報です。（P.94～P.97）

プラスベジカルビ焼肉 おかずのみ

エネルギー	506kcal
●タンパク質	19.6g
●脂質	37.9g
●炭水化物	21.7g

プラスベジから揚 おかずのみ（4コ入り）

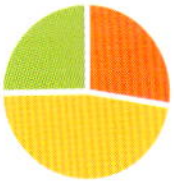

エネルギー	387kcal
●タンパク質	26.8g
●脂質	20.3g
●炭水化物	24.5g

プラスベジしょうが焼き おかずのみ

エネルギー	525kcal
●タンパク質	21.9g
●脂質	39.9g
●炭水化物	19.5g

プラスベジチキン南蛮 おかずのみ

エネルギー	489kcal
●タンパク質	20.4g
●脂質	29.1g
●炭水化物	35.4g

プラスベジロースとんかつ おかずのみ

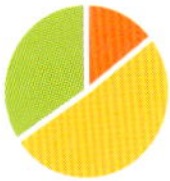

エネルギー	512kcal
●タンパク質	18.6g
●脂質	29g
●炭水化物	43.9g

プラスベジおろしチキン竜田 おかずのみ（和風ぽん酢）

エネルギー	488kcal
●タンパク質	15.3g
●脂質	32.1g
●炭水化物	32g

チキン南蛮 おかずのみ

エネルギー	474kcal
●タンパク質	20.1g
●脂質	27g
●炭水化物	36.5g

から揚 おかずのみ（4コ入り）

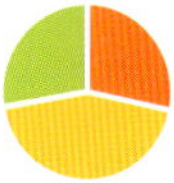

エネルギー	372kcal
●タンパク質	26.5g
●脂質	18.2g
●炭水化物	25.6g

しょうが焼き おかずのみ

エネルギー	510kcal
●タンパク質	21.6g
●脂質	37.8g
●炭水化物	20.6g

おろしチキン竜田 おかずのみ（和風ぽん酢）

エネルギー	473kcal
●タンパク質	15g
●脂質	30g
●炭水化物	33.1g

カルビ焼肉 おかずのみ

エネルギー	491kcal
●タンパク質	19.3g
●脂質	35.8g
●炭水化物	22.8g

肉野菜炒め おかずのみ

エネルギー	365kcal
●タンパク質	18.5g
●脂質	20.2g
●炭水化物	27.3g

カレールー

エネルギー	208kcal
●タンパク質	10.4g
●脂質	8g
●炭水化物	23.6g

ロースとんかつ おかずのみ

エネルギー	497kcal
●タンパク質	18.3g
●脂質	26.9g
●炭水化物	45g

ミニうどん（肉）

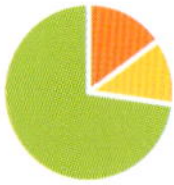

エネルギー	127kcal
●タンパク質	4.8g
●脂質	1.7g
●炭水化物	23g

特製豚汁

エネルギー	83kcal
●タンパク質	6.7g
●脂質	2.7g
●炭水化物	7.8g

(単品惣菜)豆もやしナムル

エネルギー	68kcal
●タンパク質	3.1g
●脂質	5.3g
●炭水化物	1.8g

白菜キムチ

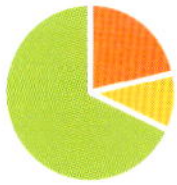

エネルギー	33kcal
●タンパク質	1.8g
●脂質	0.4g
●炭水化物	5.7g

(単品惣菜) キンピラゴボウ

エネルギー	53kcal
●タンパク質	1g
●脂質	1.8g
●炭水化物	8.4g

(単品惣菜) 小松菜と油揚げの和え物

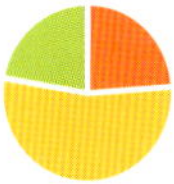

エネルギー	39kcal
●タンパク質	2.5g
●脂質	2.5g
●炭水化物	2.3g

(単品惣菜) メンチカツ

エネルギー	177kcal
●タンパク質	4g
●脂質	13.3g
●炭水化物	10.4g

(単品惣菜) 白身フライ

エネルギー	160kcal
●タンパク質	7.1g
●脂質	9.5g
●炭水化物	10.9g

もち麦ごはん単品 (中)

エネルギー	390kcal
●タンパク質	7g
●脂質	1g
●炭水化物	90.8g

ライス単品 (中)

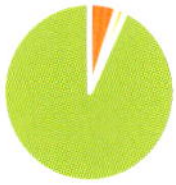

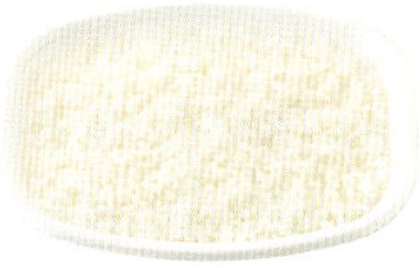

エネルギー	378kcal
●タンパク質	5g
●脂質	0.8g
●炭水化物	87.5g

●協力
セブン-イレブン

おすすめPOINT

豊富な食品をさまざまに組み合わせられる

https://www.sej.co.jp/
☎ 0120-711-372
(9:30〜17:30 月〜金曜)

コンビニエンスストア

ココに注目

毎日の生活に欠かせないコンビニ。多種多様な食品群はPFCバランスを整えるのに最適。

今野のイチオシ

手軽にタンパク源を補給できる

「ちょっとタンパク質が足りないな」という時にも、コンビニに立ち寄れば、ゆで卵やサラダチキンなどで手軽に補えます。肉系のメニューに飽きた時には、たこぶつや銀鮭、ほっけなどのシーフード系で気分転換。コンビニパトロールは、筋肉メシを発見する楽しみもあります。

タンパク質
+24.3g

サラダチキン

タンパク質
+5.8g

ゆでたまご

タンパク質
+10.4g

たこぶつ

ホットスナックも活用

レジ横のホットスナックは、1つで10g程度のタンパク質をプラスできるすぐれもの。最近は、鶏むね肉を使った低脂質なメニューも増えてきて、料理の具材としても活用できます。

飲み会の前に

食前に食べておくと、食物繊維の効果で血糖値の急上昇を抑えることができます。

味付きめかぶ
(3個入)

沖縄県産もずく
(3個入)

※2019年5月時点の情報です。地域、店舗により取り扱いがない場合があります。(P.98〜P.107)

味付きめかぶ（3個入）

エネルギー　11kcal
- タンパク質　0.6g
- 脂質　0.1g
- 糖質1.1g/食物繊維1.7g

⇨ 1個(45g)あたり

沖縄県産もずく（3個入）

エネルギー　16kcal
- タンパク質　0.3g
- 脂質　0g
- 糖質3.4g/食物繊維0.6g

⇨ 1個(80g)あたり

BIGポークフランク

エネルギー　334kcal
- タンパク質　11.7g
- 脂質　28g
- 炭水化物　9g

たこぶつ

エネルギー　50kcal
- タンパク質　10.4g
- 脂質　0.5g
- 糖質0.6g/食物繊維0.3g

⇨ 1パック(60g たこ・添付品含む)あたり

炭火焼きとり（塩）

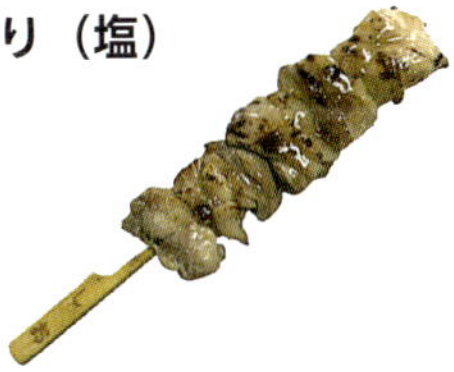

エネルギー　126kcal
- タンパク質　11.8g
- 脂質　7.9g
- 炭水化物　1.9g

炭火焼きとり（タレ）

エネルギー　119kcal
- タンパク質　13.3g
- 脂質　6.5g
- 炭水化物　1.8g

ななチキ

エネルギー　201kcal
- タンパク質　14.8g
- 脂質　11.8g
- 炭水化物　8.9g

丸から

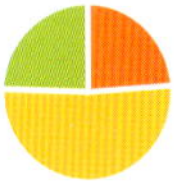

エネルギー　85kcal
- タンパク質　5.1g
- 脂質　4.9g
- 炭水化物　5.2g

※成分表示はすべて1本/1個あたりで表示

サラダチキン ガーリックペッパー

エネルギー　117kcal
●タンパク質　25.3g
●脂質　1.2g
●糖質1.2g/食物繊維0.2g
⇨100gあたり

サラダチキン プレーン

エネルギー　107kcal
●タンパク質　24.3g
●脂質　0.7g
●糖質0.6g/食物繊維0.3g
⇨100gあたり

サラダチキン ハーブ

エネルギー　116kcal
●タンパク質　25.3g
●脂質　1.6g
●糖質0g/食物繊維0.2g
⇨100gあたり

サラダチキン タンドリー

エネルギー　119kcal
●タンパク質　25.0g
●脂質　1.8g
●糖質0.6g/食物繊維0.2g
⇨100gあたり

サラダチキンバー

エネルギー　65kcal
●タンパク質　13.4g
●脂質　1.2g
●炭水化物　0g
⇨1袋（60g）あたり

ほぐしサラダチキン

エネルギー　93kcal
●タンパク質　19.4g
●脂質　1.7g
●糖質0g/食物繊維0.1g
⇨1袋（80g）あたり

サラダフィッシュ まぐろ

エネルギー　91kcal
●タンパク質　14.3g
●脂質　3.7g
●糖質　0g
⇨1パック（1切）あたり

サラダフィッシュ さば

エネルギー　224kcal
●タンパク質　12.7g
●脂質　19g
●糖質0.3g/食物繊維0.2g
⇨1パック（1枚）あたり

さばの味噌煮

エネルギー　290kcal

●タンパク質　13.3g

●脂質　21.6g

●糖質10.1g/食物繊維0.4g

⇨1袋（1切）あたり

サラダフィッシュ サーモントラウト

エネルギー　96kcal

●タンパク質　12.5g

●脂質　4.9g

●糖質0.3g/食物繊維0g

⇨1パック（1切）あたり

銀鮭の塩焼

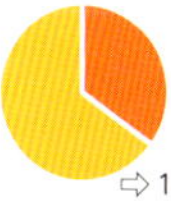

エネルギー　150kcal

●タンパク質　13.1g

●脂質　10.8g

●糖質0g/食物繊維0g

⇨1パック（1切）あたり可食部（骨を除く）

ほっけの塩焼

エネルギー　133kcal

●タンパク質　18.2g

●脂質　6.8g

●炭水化物　0g

⇨1パック（1枚）あたり

直火焼仕上げの和風ハンバーグ

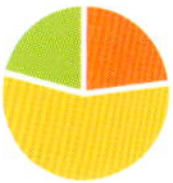

エネルギー　267kcal

●タンパク質　15.9g

●脂質　16.9g

●糖質11.4g/食物繊維3g

⇨1食（145g）あたり

子持ち焼ししゃも

エネルギー　118kcal

●タンパク質　10g

●脂質　8.3g

●糖質0.9g/食物繊維0g

⇨1パック（5尾）あたり

切れてる厚焼き玉子

エネルギー　231kcal

●タンパク質　12.1g

●脂質　16.4g

●糖質8.3g/食物繊維0.3g

⇨1包装（115g・4切）あたり

味付き半熟ゆでたまご（1個入）

エネルギー　64kcal

●タンパク質　5.8g

●脂質　4.2g

●炭水化物　0.6g

⇨1個あたり

今野のイチオシ

組み合わせ自由自在！
おでんは優秀な筋肉メシ

具を組み合わせることで、目的に応じたPFCバランスに調整しやすいところがおでんの魅力。冬場はもちろん、店舗によっては通年で置いているコンビニもあるので、見かけた際は活用したいもの。調理の手間がかからず、温かい状態で食べられるので、仕事帰りなどにもおすすめです。
なお、おでんの汁は糖質が多く、塩味もきいているので、気になる人は汁を残しましょう。

たこ串

エネルギー	42kcal
●タンパク質	9.2g
●脂質	0.5g
●炭水化物	0.3g

煮込み牛すじ串

エネルギー	44kcal
●タンパク質	5.5g
●脂質	2.3g
●炭水化物	0.2g

味しみちくわぶ

エネルギー	92kcal
●タンパク質	3.2g
●脂質	0.4g
●炭水化物	19.6g

こだわりたまご

エネルギー	80kcal
●タンパク質	6.6g
●脂質	5.7g
●炭水化物	0.7g

※成分表示はすべて１本/１個あたりで表示

ごぼう巻

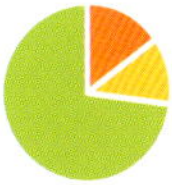

エネルギー	37kcal
●タンパク質	1.4g
●脂質	0.5g
●炭水化物	6.7g

こだわり焼きちくわ

エネルギー	51kcal
●タンパク質	4.7g
●脂質	0.8g
●炭水化物	6.2g

いわしつみれ

エネルギー	74kcal
●タンパク質	5.8g
●脂質	4.6g
●炭水化物	2.5g

さつま揚げ

エネルギー	47kcal
●タンパク質	2.8g
●脂質	0.9g
●炭水化物	7.0g

濃厚絹厚揚げ

エネルギー	61kcal
●タンパク質	4.4g
●脂質	4.4g
●炭水化物	1.0g

ふんわりだし巻き

エネルギー	82kcal
●タンパク質	5.5g
●脂質	5.4g
●炭水化物	2.8g

味しみこんにゃく

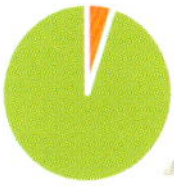

エネルギー	6 kcal
●タンパク質	0.1g
●脂質	0g
●炭水化物	1.9g

かまくらはんぺん

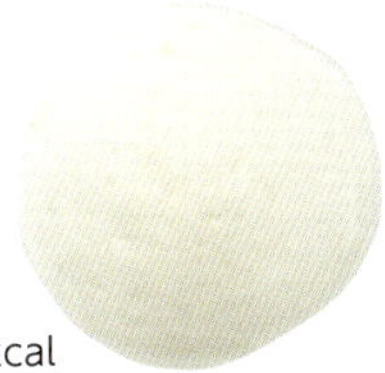

エネルギー	34kcal
●タンパク質	4.5g
●脂質	0.1g
●炭水化物	3.7g

※成分表示はすべて１本/１個あたりで表示

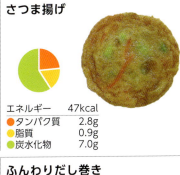

炭火焼ミックスホルモン（塩）

エネルギー	297kcal
●タンパク質	19g
●脂質	23.2g
●炭水化物	3g

⇨ 1 包装あたり

ふんわり玉子ときくらげの中華炒め

エネルギー	356kcal
●タンパク質	15.1g
●脂質	25.6g
●炭水化物	16.3g

⇨ 1 包装あたり

レバーやわらか！レバニラ

エネルギー	255kcal
●タンパク質	17.8g
●脂質	13.2g
●炭水化物	16.2g

⇨ 1 包装あたり

旬を味わうゴーヤチャンプルー

エネルギー	181kcal
●タンパク質	12.8g
●脂質	11.2g
●炭水化物	7.2g

⇨ 1 包装あたり

昆布ぽん酢で食べる！ 豚もやし

エネルギー	170kcal
●タンパク質	11.1g
●脂質	9.5g
●炭水化物	9.8g

⇨ 1 包装あたり

1/2日分の野菜！だし香る鶏団子鍋

エネルギー	158kcal
●タンパク質	18.8g
●脂質	4g
●炭水化物	11.6g

だし香る茶碗蒸し

エネルギー	70kcal
●タンパク質	9g
●脂質	1.2g
●炭水化物	5.9g

⇨ 1 個（230g） あたり

6種具材のお豆腐とひじきの煮物

エネルギー	118kcal
●タンパク質	8.8g
●脂質	5.5g
●糖質6.8g/食物繊維3.1g	

⇨ 1 包装あたり

4種チーズのロメインシーザーサラダ

エネルギー	198kcal
●タンパク質	4.6g
●脂質	15.5g
●炭水化物	10.1g

香る胡麻油！三陸産わかめのチョレギサラダ

エネルギー	87kcal
●タンパク質	1.7g
●脂質	6.6g
●炭水化物	5.1g

味噌マヨネーズで食べる！野菜スティック

エネルギー	134kcal
●タンパク質	1.7g
●脂質	12.1g
●炭水化物	4.6g

⇨1包装あたり

国産大和芋味付きとろろ

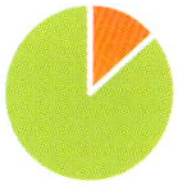

エネルギー	59kcal
●タンパク質	2.1g
●脂質	0g

●糖質12.2g/食物繊維0.9g

⇨1袋（100g）あたり

高原で育ったブロッコリー

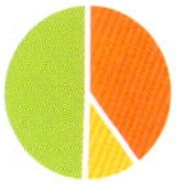

エネルギー	27kcal
●タンパク質	3.5g
●脂質	0.4g

●糖質0.6g/食物繊維3.7g

⇨1袋（100g）あたり

カットほうれん草

エネルギー	22kcal
●タンパク質	2.9g
●脂質	0.3g

●糖質0.1g/食物繊維3.3g

⇨1袋（100g）あたり

肉入りカット野菜

エネルギー	65kcal
●タンパク質	2.1g
●脂質	4.2g

●糖質3.2g/食物繊維1.9g

⇨1包装（100g）あたり

すぐに使えるきざみオクラ

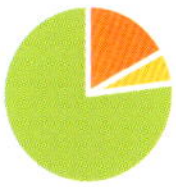

エネルギー	24kcal
●タンパク質	1.3g
●脂質	0.2g

●糖質2.9g/食物繊維2.9g

⇨1袋（100g）あたり

素焼きミックスナッツ

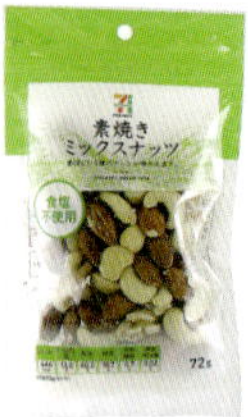

エネルギー　466kcal
●タンパク質　13g
●脂質　40.2g
●糖質10.7g/食物繊維4.7g
⇨1袋（72g）あたり

にんにくしょうゆ味

エネルギー　48kcal
●タンパク質　3g
●脂質　0g
●炭水化物　9.1g
⇨1袋（70g）あたり

カップみそ汁 しじみ

エネルギー　34kcal
●タンパク質　2.9g
●脂質　0.7g
●炭水化物　4g
⇨1食（52g）あたり

カップみそ汁 豆腐とわかめ

エネルギー　48kcal
●タンパク質　3g
●脂質　1.5g
●炭水化物　6g
⇨1食（26g）あたり

フリーズドライ みそ汁 なめこ

エネルギー　25kcal
●タンパク質　2.1g
●脂質　0.7g
●炭水化物　2.5g
⇨1袋（7g）あたり

フリーズドライ もずくスープ 茎わかめ入り

エネルギー　14kcal
●タンパク質　0.4g
●脂質　0.04g
●炭水化物　2.9g
⇨1袋（4.7g）あたり

五穀ごはんおむすび ゆず明太子

エネルギー　173kcal
●タンパク質　4.9g
●脂質　0.9g
●糖質34.5g/食物繊維3.9g
⇨1包装あたり

手巻おにぎり 熟成直火焼き 紅しゃけ

エネルギー　172kcal
●タンパク質　4.8g
●脂質　0.5g
●炭水化物　37.2g
⇨1包装あたり

強炭酸水プラス

血流を促進

エネルギー　0kcal
- タンパク質　0g
- 脂質　0g
- 糖質0~1.2g/食物繊維5.0~7.1g

⇨1本（490ml）あたり

銀しゃりむすび塩むすび

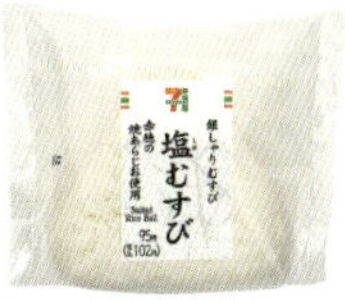

エネルギー　165kcal
- タンパク質　2.7g
- 脂質　0.4g
- 炭水化物　37.6g

⇨1包装あたり

そのまま食べるぶどう

ビタミン補給

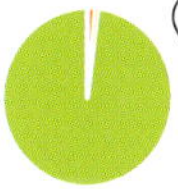

エネルギー　102kcal
- タンパク質　0.5g
- 脂質　0.1g
- 糖質26.6g/食物繊維0.8g

⇨1袋（130g）あたり

スタールビーグレープフルーツ

ビタミン補給

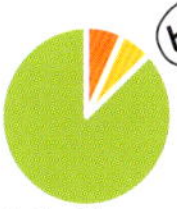

エネルギー　55kcal
- タンパク質　1.1g
- 脂質　0.4g
- 糖質12.5g/食物繊維0.8g

⇨1袋（120g）あたり

ゴールデンパイナップル

ビタミン補給

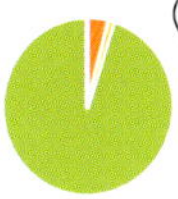

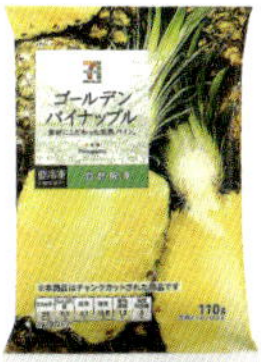

エネルギー　58kcal
- タンパク質　0.7g
- 脂質　0.1g
- 糖質13.8g/食物繊維1.3g

⇨1袋（110g）あたり

アップルマンゴー

ビタミン補給

エネルギー　75kcal
- タンパク質　0.7g
- 脂質　0g
- 炭水化物　18.0g

⇨1袋（110g）あたり

白桃

ビタミン補給

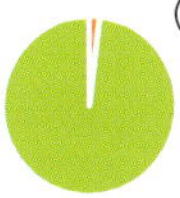

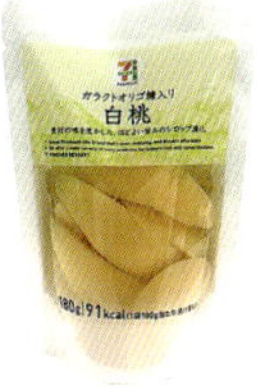

エネルギー　91kcal
- タンパク質　0.5g
- 脂質　0g
- 炭水化物　22.5g

⇨1袋（180g）あたり

大粒のブルーベリー

ビタミン補給

エネルギー　81kcal
- タンパク質　0.8g
- 脂質　0.1g
- 糖質18.9g/食物繊維2.6g

⇨1袋（130g）あたり

●協力
明治

おすすめPOINT

乳製品は一番身近なタンパク源！

https://www.meiji.co.jp/
0120-598-369（牛乳・飲料・ヨーグルト）
0120-370-369（プロテインパウダー）
0120-201-369（チーズ）
（9:00～17:00 土日祝日、年末年始除く）

牛乳・乳製品

ココに注目 牛乳・乳製品に多く含まれるカルシウム、カリウムは筋肉を動かすために不可欠！

今野のイチオシ

就寝前と朝に１杯の牛乳を

牛乳に含まれるタンパク質は、主にカゼイン。体内での吸収が緩やかなので、就寝前に飲むと、寝ている間のアミノ酸濃度を一定に保つ効果が期待できます。また、エネルギーが枯渇している朝に飲めば、昼食までの間、筋肉の分解にブレーキをかける働きが期待できます。

牛乳1杯（200ml）

＋

きな粉 大さじ2

または

すりごま 大さじ2

今野のオススメ

カルシウムの吸収をよくする**マグネシウム**をプラス！ きな粉やすりごまのほか、大豆製品、ナッツ類などにも多く含まれています

今野のイチオシ

フルーツと好相性！

タンパク質の豊富なギリシャヨーグルトと、タンパク質を分解する酵素を含むパイナップル、キウイ、パパイヤなどのフルーツとの組み合わせは、朝食に最適です。

明治THE GREEK YOGURT
プレーン 100g

＋

パイナップル

明治おいしい低脂肪乳 900ml

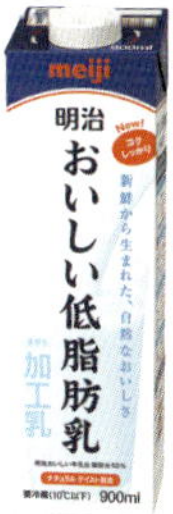

エネルギー	107kcal
●タンパク質	7.4g
●脂質	3.8g
●炭水化物	10.8g

⇨200mlあたり

明治おいしい牛乳 900ml

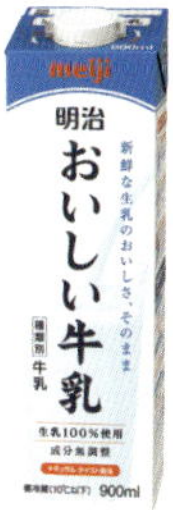

エネルギー	137kcal
●タンパク質	6.8g
●脂質	7.8g
●炭水化物	9.9g

⇨200mlあたり

明治THE GREEK YOGURT 低糖 100g

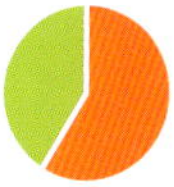

エネルギー	54kcal
●タンパク質	8.9g
●脂質	0g
●炭水化物	6.2g

⇨1個（100g）あたり

明治THE GREEK YOGURT プレーン 100g

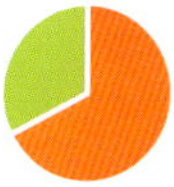

エネルギー	59kcal
●タンパク質	10g
●脂質	0g
●炭水化物	4.8g

⇨1個（100g）あたり

明治THE GREEK YOGURT ストロベリー 100g

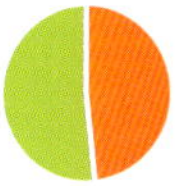

エネルギー	64kcal
●タンパク質	7.7g
●脂質	0g
●炭水化物	8.2g

⇨1個（100g）あたり

明治THE GREEK YOGURT ブルーベリー 100g

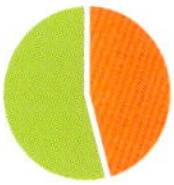

エネルギー	66kcal
●タンパク質	7.6g
●脂質	0g
●炭水化物	8.9g

⇨1個（100g）あたり

ギリシャヨーグルトを料理にも

発酵食品との相性もgood！
アボカドと合わせてディップに

明治THE GREEK YOGURT
プレーン 100g
アボカド（つぶす） 1/2個
味噌　大さじ1
塩　小さじ1
コショウ　小さじ1

材料をすべて混ぜ合わせるだけ！

明治THE GREEK YOGURT キウイ100g

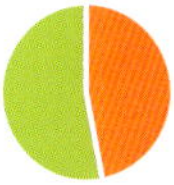

エネルギー	66kcal
●タンパク質	7.7g
●脂質	0g
●炭水化物	8.7g

⇨1個（100g）あたり

今野のイチオシ

個包装のチーズは間食におすすめ

チーズはちょっとした間食に最適。また、おつまみとしてナッツと一緒に食べると、チーズに含まれる脂質がナッツの脂溶性ビタミンと合わさって栄養素の吸収率が高まります。

明治北海道十勝6Pチーズ ベーシック 100g

エネルギー	56kcal
●タンパク質	3.6g
●脂質	4.5g
●炭水化物	0.2g

⇨1個（16.7g）あたり

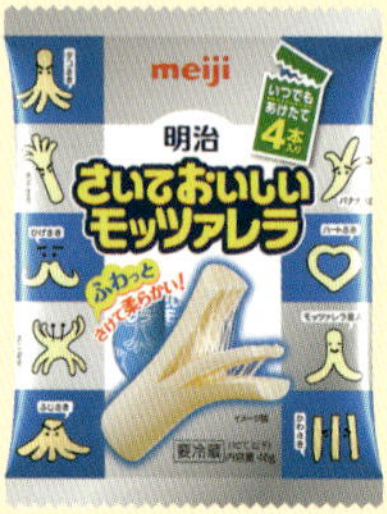

明治さいておいしい モッツァレラ 4本入り46g

エネルギー	128kcal
●タンパク質	10.8g
●脂質	8.8g
●炭水化物	1.3g

⇨1袋（46g）あたり

チーズをもっと筋肉メシに

チーズは味噌やしょうゆなど発酵調味料との相性もよく、味噌漬けやしょうゆ漬けにすれば一層風味豊かに。味噌に漬けることでチーズのアミノ酸分解が促され吸収がよくなる効果もあります。ただし漬けすぎは塩分過多になるので注意しましょう。

❶ 味噌1、ヨーグルト1、だし1の割合で混ぜる（分量は保存容器に合わせる）。

❷ チーズをお茶パックに入れ、①を半分敷いた保存容器にのせる。

❸ ①の残りをのせ、冷蔵庫で1晩置く。

明治北海道十勝スマートチーズ パルメザンブレンド8個入り 90g

エネルギー 36kcal
●タンパク質 2.7g
●脂質 2.7g
●炭水化物 0.2g
⇨1個（11.3g）あたり

明治北海道十勝スマートチーズ チェダーブレンド8個入り 90g

エネルギー 41kcal
●タンパク質 2.5g
●脂質 3.3g
●炭水化物 0.2g
⇨1個（11.3g）あたり

明治北海道十勝スマートチーズ 和風だし ほたて8個入り 90g

エネルギー 38kcal
●タンパク質 2.3g
●脂質 3.1g
●炭水化物 0.3g
⇨1個（11.3g）あたり

明治北海道十勝スマートチーズ 和風だし かつお・昆布8個入り 90g

エネルギー 37kcal
●タンパク質 2.3g
●脂質 3g
●炭水化物 0.3g
⇨1個（11.3g）あたり

明治北海道十勝ボーノ切り出し生チーズ モッツァレラ4本入り 40g

エネルギー 127kcal
●タンパク質 10.3g
●脂質 9.1g
●炭水化物 1.0g
⇨1袋（40g）あたり

明治北海道十勝カマンベールチーズ 切れてるタイプ 90g

エネルギー 48kcal
●タンパク質 2.9g
●脂質 3.9g
●炭水化物 0.2g
⇨1個（15g）あたり

明治北海道十勝ボーノ切り出し生チーズ ゴーダ4本入り 40g

エネルギー 150kcal
●タンパク質 10.2g
●脂質 11.8g
●炭水化物 0.7g
⇨1袋（40g）あたり

明治北海道十勝ボーノ切り出し生チーズ チェダー4本入り 40g

エネルギー 165kcal
●タンパク質 10g
●脂質 13.3g
●炭水化物 1.2g
⇨1袋（40g）あたり

今野的・プロテインの上手なとり方

著者・今野善久

筋トレが老若男女を問わず人気を集める中、最近ではコンビニやスーパーでも、手軽にプロテインを購入できるようになりました。その代表的なブランドが、「ザバス」です。
プロテインを飲むゴールデンタイムは、一般的にトレーニング後30分以内と、寝る前といわれています。ただ、トレーニング序盤の元気なうちに高負荷の種目を行う場合には、トレーニング開始から１時間後には筋肉の分解が始まる恐れが。私としては、吸収速度の速いホエイプロテインをトレーニング前にも補給しておくことをおすすめします。

ザバス ホエイプロテイン 100 バニラ味 1,050g（約50食分）

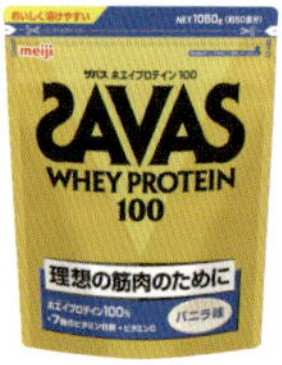

エネルギー	82kcal
●タンパク質	15g
●脂質	1.2g
●炭水化物	2.9g

⇨１食分（21g）あたり

ザバス ホエイプロテイン 100 ココア味 1,050g（約50食分）

エネルギー	83kcal
●タンパク質	15g
●脂質	1.3g
●炭水化物	2.7g

⇨１食分（21g）あたり

ザバス ホエイプロテイン 100 香るミルク風味 1,050g（約50食分）

エネルギー	84kcal
●タンパク質	15.1g
●脂質	1.3g
●炭水化物	2.9g

⇨１食分（21g）あたり

ザバス ホエイプロテイン 100 リッチショコラ味 1,050g（約50食分）

エネルギー	84kcal
●タンパク質	14.6g
●脂質	1.5g
●炭水化物	2.9g

⇨１食分（21g）あたり

ザバス アクア ホエイプロテイン100 アセロラ風味 840g（約40食分）

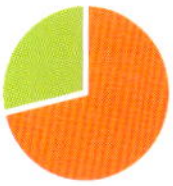

エネルギー 77kcal
- ●タンパク質 14.1g
- ●脂質 0g
- ●炭水化物 5.6g

⇨1食分（21g）あたり

ザバス アクア ホエイプロテイン100 グレープフルーツ風味840g（約40食分）

エネルギー 78kcal
- ●タンパク質 14.1g
- ●脂質 0g
- ●炭水化物 5.7g

⇨1食分（21g）あたり

（ザバス）MILK PROTEIN 脂肪0 ココア味 430ml

エネルギー 130kcal
- ●タンパク質 15g
- ●脂質 0g
- ●炭水化物 17.5g

⇨1本（430ml）あたり

（ザバス）MILK PROTEIN 脂肪0 430ml

エネルギー 99kcal
- ●タンパク質 15g
- ●脂質 0g
- ●炭水化物 10g

⇨1本（430ml）あたり

（ザバス）MILK PROTEIN 脂肪0 ココア風味 200ml

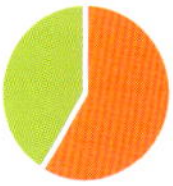

エネルギー 102kcal
- ●タンパク質 15g
- ●脂質 0g
- ●炭水化物 10.5g

⇨1本（200ml）あたり

（ザバス）MILK PROTEIN 脂肪0 ヨーグルト風味 430ml

エネルギー 99kcal
- ●タンパク質 15g
- ●脂質 0g
- ●炭水化物 10g

⇨1本（430ml）あたり

（ザバス）MILK PROTEIN 脂肪0 バナナ風味 200ml

エネルギー 102kcal
- ●タンパク質 15g
- ●脂質 0g
- ●炭水化物 10.6g

⇨1本（200ml）あたり

（ザバス）MILK PROTEIN 脂肪0 バニラ風味 200ml

エネルギー 102kcal
- ●タンパク質 15g
- ●脂質 0g
- ●炭水化物 10.4g

⇨1本（200ml）あたり

●協力
日清食品

おすすめPOINT

完全栄養食「All-in PASTA」は
筋肉メシの新定番！

https://www.nissin.com/jp/about/nissinfoods/
0120-923-301
(9:00～17:30 土日祝日除く)

即席めん・その他

ココに注目
忙しい合間にも熱湯を注ぐだけで食べられる！ 栄養バランスを熟慮した新商品も登場。

今野のイチオシ

パスタの中に1食分の栄養が詰まっている

「All-in PASTA」は、1日に必要な栄養素（ビタミン、ミネラル、食物繊維、タンパク質）の1/3量* を芯に詰めた新発想のパスタ。麺とソースがカップにセットされたカップタイプなら、熱湯をかけるだけで手軽に栄養補給ができます。オフィスでの中食が多い人におすすめしたい筋肉メシの新定番です。

＊厚生労働省「日本人の食事摂取基準（2015年版）」より1日に必要な30～49歳男性の推奨量/目安量の1/3量を1食分として配合

All-in PASTA
完熟トマトに唐辛子をきかせたスパイシーアラビアータ

All-in PASTA
国産バジルを贅沢に使った香りとコクのジェノベーゼ

All-in PASTA
粗挽き牛肉のコクと旨みの濃厚ボロネーゼ

オフィスランチにプラス

中食中心の食生活に温かいスープを1品プラス！ 熱湯をかけるだけの手軽さがなんといっても魅力。水分補給とともに、香辛料入りのスープなら代謝を促進する効果も期待できます。

All-in PASTA 国産バジルを贅沢に使った香りとコクのジェノベーゼ

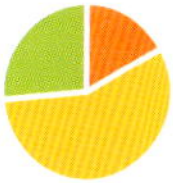

エネルギー	552kcal
タンパク質	24.3g
脂質	35.8g
炭水化物	37.5g

⇨1食（118g）あたり

All-in PASTA 完熟トマトに唐辛子をきかせたスパイシーアラビアータ

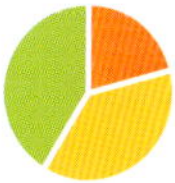

エネルギー	479kcal
タンパク質	26.3g
脂質	21g
炭水化物	51.4g

⇨1食（223g）あたり

All-in PASTA（麺のみ・1食）

エネルギー	331kcal
タンパク質	24g
脂質	12.2g
炭水化物	35.6g

⇨1食（88g）あたり

All-in PASTA 粗挽き牛肉のコクと旨みの濃厚ボロネーゼ

エネルギー	487kcal
タンパク質	31.7g
脂質	21.1g
炭水化物	48.2g

⇨1食（223g）あたり

おいしい北海道コーンポタージュ

エネルギー	68kcal
タンパク質	1.7g
脂質	2.7g
炭水化物	9.3g

⇨1食（16g）あたり

おいしい北海道オニオンコンソメ

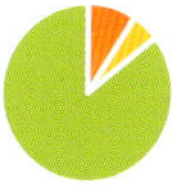

エネルギー	34kcal
タンパク質	0.8g
脂質	0.2g
炭水化物	7.3g

⇨1食（10g）あたり

純豆腐 スンドゥブチゲスープ

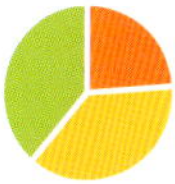

エネルギー	68kcal
タンパク質	4.2g
脂質	2.9g
炭水化物	6.8g

⇨1食（17g）あたり

麻婆豆腐 シビ辛スープ

エネルギー	56kcal
タンパク質	3.5g
脂質	1.9g
炭水化物	6.6g

⇨1食（15g）あたり

日清麺なしどん兵衛 肉だし豆腐スープ

エネルギー	47kcal
●タンパク質	3.2g
●脂質	1.7g
●炭水化物	5g

⇨1食（12g）あたり

日清麺なしどん兵衛 鴨だし豆腐スープ

エネルギー	64kcal
●タンパク質	4.2g
●脂質	2.6g
●炭水化物	6.2g

⇨1食（24g）あたり

カップヌードル コッテリーナイス 濃厚！ ポークしょうゆ

エネルギー	176kcal
●タンパク質	9.4g
●脂質	6.8g
●炭水化物	34.1g

⇨1食（57g）あたり

旨だし膳 おとうふの豆乳仕立てスープ

エネルギー	78kcal
●タンパク質	2.9g
●脂質	4g
●炭水化物	7.8g

⇨1食（17g）あたり

カップヌードル コッテリーナイス 濃厚！ キムチ豚骨

エネルギー	176kcal
●タンパク質	9.5g
●脂質	7.1g
●炭水化物	33.5g

⇨1食（58g）あたり

カップヌードル コッテリーナイス 濃厚！ クリーミーシーフード

エネルギー	176kcal
●タンパク質	9.4g
●脂質	6.5g
●炭水化物	34.8g

⇨1食（56g）あたり

日清ラ王 焦がし醤油

エネルギー	445kcal
●タンパク質	10.2g
●脂質	16g
●炭水化物	65g

⇨1食（117g）あたり

日清のとんがらし麺 うま辛海鮮

エネルギー	288kcal
●タンパク質	7.6g
●脂質	11.6g
●炭水化物	38.4g

⇨1食（64g）あたり

●協力
日清シスコ

おすすめPOINT
豊富なラインアップでいろいろ選べる

http://www.nissin.com/cisco/
☎0120-937-023
(9:00〜17:00 土日祝日除く)

シリアル

ココに注目 朝の飢餓状態から速攻リリース！ 不足しがちなビタミン、ミネラルも手軽にチャージ。

朝食でエネルギーをしっかり補給

具だくさんのシリアルには、食物繊維はもちろん、不足しがちなビタミン、鉄、ミネラルも配合されていて、栄養バランスを整えるのにうってつけ。糖質オフ、脂質オフなどの商品もあり、目的別にPFCバランスを調整することも可能です。朝、牛乳、ヨーグルトと一緒にとれば、さらにエネルギーをチャージできます。

ごろっとグラノーラ 5種の彩り果実 脂質80%オフ 360g

エネルギー	145kcal
●タンパク質	2g
●脂質	0.87g
●炭水化物	34.7g

⇨1食（40g）あたり

ごろっとグラノーラ 5種の彩り果実 400g

エネルギー	168kcal
●タンパク質	2.6g
●脂質	5g
●炭水化物	30.2g

⇨1食（40g）あたり

ごろっとグラノーラ 3種のまるごと大豆 糖質60%オフ 360g

エネルギー	158kcal
●タンパク質	13.4g
●脂質	5.7g
●炭水化物	17.9g

⇨1食（40g）あたり

ごろっとグラノーラ 3種のまるごと大豆 400g

エネルギー	171kcal
●タンパク質	4.9g
●脂質	5.1g
●炭水化物	28.2g

⇨1食（40g）あたり

●協力
紀文食品

おすすめPOINT

伝統と革新が融合する
練り物業界の老舗

https://www.kibun.co.jp/
0120-012-778
(9:00〜17:00 土日祝日除く)

練り製品・その他

ココに注目

練り製品の原材料は魚肉のすり身などの魚介類。手軽にタンパク質をプラスできる筋肉メシの強い味方！

今野のイチオシ

タンパク質豊富で低脂質のちくわ

ちくわは、「おいしい・安い・扱いやすい」の3拍子そろった食材です。
加工済みなので、そのままおやつとして手軽にタンパク質を補給できるのもうれしいところです。
原材料（デンプン、食塩など）の糖質量や塩分量を考慮しつつ、筋肉メシに取り入れましょう。

**おかずのメインでも
サポート役でも。
応用が利く
筋肉メシの万能選手**

竹笛® 5本

memo

「糖質 0g 麺」の活用例

糖質0g麺の上手な活用法は、通常の麺と合わせること。うどん1玉の場合に比べ、「うどん半玉」+「糖質 0g 麺」にすると、ボリュームは同量以上で、糖質量は約半分に。

糖質0g麺 平麺

memo

炭水化物×糖質

炭水化物の量はタンパク質や脂質の量などを差し引いた数値として算出し※、食物繊維は成分分析した実数値として算出されます。そのため、食物繊維量の多い食品は誤差が生じる場合があります。

10.4g≠0g+11.4g

エネルギー	18kcal
タンパク質	1g
脂質	0.4g
炭水化物	10.4g
─糖質	0g
─食物繊維	11.4g

「糖質0g麺 平麺」の栄養成分表示
(2019年8月現在)

※炭水化物＝100−（水分＋灰分＋タンパク質＋脂質）

鯛入り笹かま 4枚

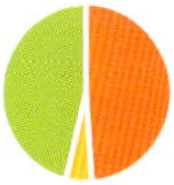

エネルギー 131kcal
●タンパク質 16.1g
●脂質 0.7g
●炭水化物 15.1g
⇨1包装（140g・4枚）あたり

竹笛® 5本

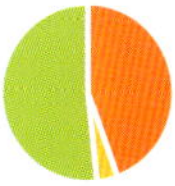

エネルギー 167kcal
●タンパク質 18.6g
●脂質 0.7g
●炭水化物 21.5g
⇨1包装（175g・5本）あたり

さつま揚 極上

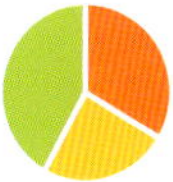

エネルギー 283kcal
●タンパク質 23.9g
●脂質 7.7g
●炭水化物 29.5g
⇨1包装（225g・5枚）あたり

鯛入り蒲鉾 粋（白）

エネルギー 97kcal
●タンパク質 13.4g
●脂質 0.5g
●炭水化物 9.7g
⇨1包装（120g）あたり

野菜てんぷら 4枚

エネルギー 212kcal
●タンパク質 10.8g
●脂質 7.6g
●炭水化物 25g
⇨1包装（180g・4枚）あたり

玉ねぎ天 4枚

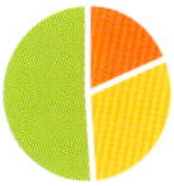

エネルギー 219kcal
●タンパク質 10.3g
●脂質 7.4g
●炭水化物 27.9g
⇨1包装（180g・4枚）あたり

揚ボール

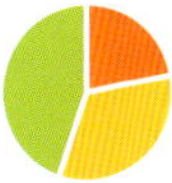

エネルギー 193kcal
●タンパク質 10.7g
●脂質 7.1g
●炭水化物 21.5g
⇨1包装（132g）あたり

揚かまぼこ

エネルギー 114kcal
●タンパク質 7.9g
●脂質 3.1g
●炭水化物 13.7g
⇨1包装（100g）あたり

糖質0g麺 丸麺

エネルギー　15kcal
- タンパク質　0.8g
- 脂質　0.4g
- 糖質0g/食物繊維10.2g

⇨1包装（180g）あたり

糖質0g麺 平麺

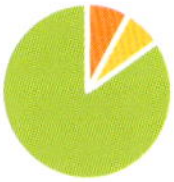

エネルギー　18kcal
- タンパク質　1g
- 脂質　0.4g
- 糖質0g/食物繊維11.4g

⇨1包装（180g）あたり

とうふそうめん風

エネルギー　107kcal
- タンパク質　6.3g
- 脂質　3.5g
- 糖質11.3g/食物繊維2.4g

⇨1包装（168g 麺状とうふ、つゆ含む）あたり

糖質0g麺 細麺

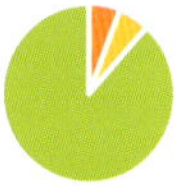

エネルギー　14kcal
- タンパク質　0.7g
- 脂質　0.3g
- 糖質0g/食物繊維10.6g

⇨1包装（180g）あたり

肉ワンタン

エネルギー　254kcal
- タンパク質　11.7g
- 脂質　9.8g
- 炭水化物　29.8g

⇨1包装（肉ワンタン90g・スープ36g）あたり

ゆば乳のおさしみ

エネルギー　179kcal
- タンパク質　14.4g
- 脂質　11.6g
- 炭水化物　4.2g

⇨1包装（200g）あたり

スープ餃子

※2019年8月26日よりリニューアル

エネルギー　451kcal／421kcal
- タンパク質　17.7g／14.5g
- 脂質　12.6g／12.3g
- 炭水化物　66.6g／63.1g

⇨1包装(ぎょうざ216g・スープ36g)あたり／ぎょうざのみ(216g)あたり

肉餃子

エネルギー　402kcal／389kcal
- タンパク質　17.7g／17.3g
- 脂質　17.2g／16.2g
- 炭水化物　44.0g／43.6g

⇨1包装(ぎょうざ・タレ・ラー油含む)あたり／ぎょうざのみあたり

プロミックス　レモン風味&パセリ

※2019年8月26日より販売開始予定

エネルギー	85kcal
タンパク質	10.9g
脂質	3.7g
炭水化物	1.9g

⇨1包装（50g）あたり

プロミックス　ブラックペッパー

※2019年8月26日より販売開始予定

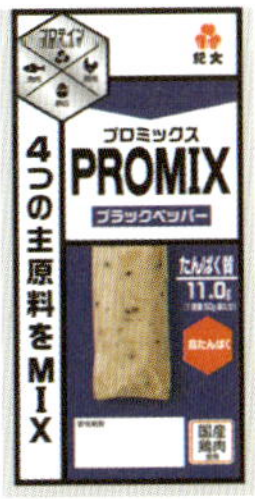

エネルギー	85kcal
タンパク質	11g
脂質	3.5g
炭水化物	2.4g

⇨1包装（50g）あたり

マリーン® 3パック

※2019年8月26日よりリニューアル

エネルギー	138kcal
タンパク質	15.1g
脂質	2g
炭水化物	15.0g

⇨1包装（136g・12本）あたり

フィッシュ&チキン

※2019年8月26日より下記のパッケージに変更予定

エネルギー	113kcal
タンパク質	17.5g
脂質	3.2g
炭水化物	3.6g

⇨1包装（96g）あたり

切れてる 厚焼玉子

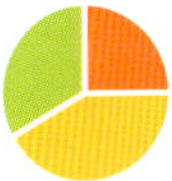

エネルギー	157kcal
タンパク質	9.9g
脂質	7.3g
炭水化物	12.9g

⇨1包装（95g）あたり

チーちく® 5個入り

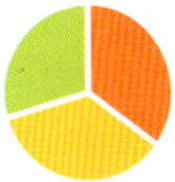

エネルギー	107kcal
タンパク質	9.4g
脂質	4.2g
炭水化物	7.8g

⇨1包装（85g・5個）あたり

玉子とうふ

エネルギー	55kcal
タンパク質	4.8g
脂質	3.7g
炭水化物	0.5g

⇨1包装（117g）あたり

半熟くんたま

エネルギー	153kcal
タンパク質	15.5g
脂質	9g
炭水化物	2.6g

⇨たまごのみ（100g）あたり

●協力
マルハニチロ

おすすめPOINT

魚の栄養を
凝縮した商品がそろう

https://www.maruha-nichiro.co.jp
0120-040826
(9:00〜17:00 月〜金曜
祝日、夏季、年末年始の休業日除く)

缶詰・その他

ココに注目

栄養が凝縮している缶詰は、買い置き・常温保存ができる超優秀な筋肉メシ！

今野のイチオシ

骨ごと食べればカルシウム補給！

魚の缶詰はタンパク質や良質な脂質とともに、カルシウムがとれるのもポイント。骨や歯の主成分として知られるカルシウムは、筋肉の収縮にもかかわる重要なミネラル。日本の土壌はカルシウムの含有量が少なく、野菜や飲料水などから摂取しにくいため日本人は不足しがちです。骨ごと食べられる魚の缶詰はカルシウム補給の面でも最強食材の１つです。

1缶で1,200mg近くのカルシウムがとれる

さけ中骨水煮

カルシウム摂取　推奨量(1日)

	10〜11歳	12〜14歳	15〜17歳	18〜29歳	30〜49歳	50〜69歳	70歳〜
男性	700mg	1,000mg	800mg	800mg	650mg	700mg	700mg
女性	750mg	800mg	650mg	650mg	650mg	650mg	650mg

※耐容上限量は18歳以上の男女で2,500mg　出典／厚生労働省「日本人の食事摂取基準（2015年版）」

携帯に便利なタンパク源

フィッシュ
ソーセージCa75g

1秒OPEN
おさかなソーセージ
70g４本束

DHA
リサーラソーセージ
3本入

手軽に携帯でき、必要な時にサッと取り出して口にできるフィッシュソーセージはタンパク質補給におすすめ！

さけ中骨水煮

エネルギー	98kcal
●タンパク質	16.5g
●脂質	3.5g
●炭水化物	0.2g

⇨1缶（150g）あたり

あけぼのさけ

エネルギー	236kcal
●タンパク質	32.9g
●脂質	10.6g
●炭水化物	2.2g

⇨1缶（180g）あたり

さばみそ煮

エネルギー	440kcal
●タンパク質	27.9g
●脂質	29.1g
●炭水化物	16.5g

⇨1缶（190g）あたり

さば水煮

エネルギー	317kcal
●タンパク質	26.8g
●脂質	23.4g
●炭水化物	0g

⇨1缶（190g）あたり

さんまみそ煮

エネルギー	257kcal
●タンパク質	20.1g
●脂質	13.5g
●炭水化物	13.8g

⇨1缶（150g）あたり

さば煮付

エネルギー	460kcal
●タンパク質	27.9g
●脂質	31g
●炭水化物	17.3g

⇨1缶（190g）あたり

いわしトマト煮

エネルギー	206kcal
●タンパク質	16.3g
●脂質	15g
●炭水化物	1.5g

⇨1缶（100g）あたり

月花さんま水煮

エネルギー	383kcal
●タンパク質	20g
●脂質	33g
●炭水化物	1.6g

⇨1缶（200g）あたり

さんま塩焼

エネルギー　212kcal
●タンパク質　16.5g
●脂質　16.2g
●炭水化物　0.1g
⇨1缶（75g）あたり

さんま蒲焼

エネルギー　253kcal
●タンパク質　15.9g
●脂質　17.4g
●炭水化物　8.2g
⇨1缶（100g）あたり

いわし塩焼

エネルギー　236kcal
●タンパク質　14.6g
●脂質　18.9g
●炭水化物　1.7g
⇨1缶（75g）あたり

いわし蒲焼

エネルギー　233kcal
●タンパク質　15.8g
●脂質　14.6g
●炭水化物　9.7g
⇨1缶（100g）あたり

機能性表示食品 油そのままツナフレーク オリーブオイル仕立て 中性脂肪が気になる方に

エネルギー　219kcal
●タンパク質　11.9g
●脂質　19g
●炭水化物　0g
⇨1缶・1日摂取目安量（70g）あたり

MSC認証原料使用 ライトツナフレーク 野菜スープ漬

エネルギー　112kcal
●タンパク質　11.6g
●脂質　7.2g
●炭水化物　0.3g
⇨1缶（70g）あたり

とりささみフレーク

エネルギー　111kcal
●タンパク質　13g
●脂質　6.5g
●炭水化物　0.2g
⇨1缶（80g）あたり

油そのままライトツナリセッタ

エネルギー　110kcal
●タンパク質　11.1g
●脂質　7.2g
●炭水化物　0.1g
⇨1缶（70g）あたり

まぐろフレーク味付

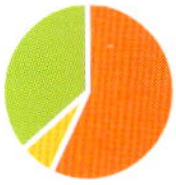

エネルギー	121kcal
●タンパク質	17.3g
●脂質	0.9g
●炭水化物	10.9g

⇨100gあたり

あさり水煮

エネルギー	68kcal
●タンパク質	11.1g
●脂質	1g
●炭水化物	3.4g

⇨1缶（130g）あたり

さけフレーク

エネルギー	166kcal
●タンパク質	10.4g
●脂質	11.2g
●炭水化物	5.9g

⇨1びん（50g）あたり

かつおフレーク味付

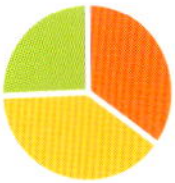

エネルギー	128kcal
●タンパク質	11.3g
●脂質	5.6g
●炭水化物	8.2g

⇨1缶（70g）あたり

とりそぼろ

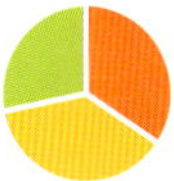

エネルギー	142kcal
●タンパク質	12.2g
●脂質	5.9g
●炭水化物	9.9g

⇨1びん（52g）あたり

さばそぼろ

エネルギー	173kcal
●タンパク質	11.7g
●脂質	10.8g
●炭水化物	7.3g

⇨1びん（50g）あたり

やきとり たれ

エネルギー	116kcal
●タンパク質	10.6g
●脂質	5.3g
●炭水化物	6.5g

⇨1缶（60g）あたり

やきとり しお

エネルギー	88kcal
●タンパク質	10.5g
●脂質	4.4g
●炭水化物	1.6g

⇨1缶（60g）あたり

1秒OPEN おさかなソーセージ 70g 4本束

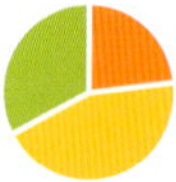

エネルギー	116kcal
●タンパク質	6.7g
●脂質	5.7g
●炭水化物	9.5g

⇨1本（70g）あたり

オイルサーディン（米油使用）

エネルギー	370kcal
●タンパク質	14.1g
●脂質	34.7g
●炭水化物	0.2g

⇨1缶（100g）あたり

DHAリサーラソーセージ 3本入

エネルギー	88kcal
●タンパク質	5.2g
●脂質	4.8g
●炭水化物	5.9g

⇨1本（50g）あたり

フィッシュソーセージCa 75g

エネルギー	135kcal
●タンパク質	6.4g
●脂質	7.5g
●炭水化物	10.6g

⇨1本（75g）あたり

ランチバーガー 200g

エネルギー	423kcal
●タンパク質	15.6g
●脂質	23.6g
●炭水化物	37g

⇨1本（200g）あたり

プリっと旨いチーズかまぼこCa旨 14g×6本

エネルギー	16kcal
●タンパク質	1.4g
●脂質	0.3g
●炭水化物	2g

⇨1本（14g）あたり

ベビーハム 130g

エネルギー	219kcal
●タンパク質	15g
●脂質	10.2g
●炭水化物	16.7g

⇨1本（130g）あたり

Newライトバーガー140G juicy

エネルギー	296kcal
●タンパク質	10.9g
●脂質	16.5g
●炭水化物	25.9g

⇨1本（140g）あたり

今野のイチオシ

無味無臭で使い勝手がよい MCTオイル

筋肉の分解を抑える頼もしい油

MCTは中鎖脂肪酸(Medium Chain Triglycerides)の略。世界で活躍するアスリートやダイエッター、健康意識の高い人を中心に利用者が広まっている注目の脂質です。一般的な食用油に含まれる長鎖脂肪酸に比べて脂肪酸が半分の長さで、分解しやすく、消化・吸収しやすいのが特徴。短時間でエネルギーになり、必要以上の筋肉の分解を抑える働きがあります。

効果的なとり方

1日2～3回、大さじ1程度を飲み物やサラダなどにかけて摂取。体調によってはおなかが緩くなる場合があるので、牛乳やプロテインなど脂肪分を乳化させるものと混ぜてとることをおすすめします（139ページ参照）。なお、直接加熱はNGです。

MCTオイルSPORTS

協力／勝山ネクステージ
https://katsuyama-nextage.com/

コーヒータイムも筋肉メシ！

今野のオススメ

上質の脂質を使ったバターコーヒーは、筋肉メシと一緒にとれば最強！ コーヒーショップの最強のバターコーヒー（http://www.buttercoffee.shop/）が提供しているその名も「最強のバターコーヒー」は、ホルモン剤、抗生剤を一切使わず、牧草のみで飼育された牛の乳を使ったグラスフェッドバターに加え、MCTオイルをふんだんに使用。プロテインパウダーをトッピングするのもおすすめ。

内食

すべて自分でコントロール！ 完璧を目指す自炊派の筋肉メシ

「外食」「中食」に対して、食材から調理して食べることを「内食」といいます。その魅力はなんといっても**自分の思いのままに食材、調理法をコントロールできる**点です。

栄養バランスを自分流にカスタマイズできるので、理想の筋肉メシを追求するなら、ぜひ内食をきわめたいところです。

内食の難しい点は、**それぞれの**

ローストビーフ P.130

主な食材：牛もも肉 400g

エネルギー	596kcal
タンパク質	80g
脂質	26.8g
炭水化物	1.6g
ビタミンB12	6g
葉酸	32g
鉄	10g
亜鉛	15.6g

ゆで豚 P.131

主な食材：豚もも肉 300g

エネルギー	444kcal
タンパク質	64.5g
脂質	18g
炭水化物	0.6g
ビタミンB1	2.8g
ビタミンB2	0.7g
ビタミンB6	1g

食材に含まれている栄養素について、よく把握したうえで、食事を組み立てなければならないところでしょう。

ここでは、筋肉メシ的におすすめの食材を使ったレシピを紹介しています。効果的な調理のコツ、ポイントなどを参考に、自分流にアレンジしながら内食に活用してみてください。

どの食材にどんな栄養素が含まれているのか、どの食材が筋肉によい影響を与えてくれるのか、食材に関する知識を蓄えて、筋肉マイスターを目指しましょう。

鶏ハム P.133

主な食材：鶏むね肉（皮なし）
1 枚 150g×3 枚（450g）

エネルギー	522kcal
タンパク質	104.9g
脂質	8.6g
炭水化物	0.5g
鉄	1.4g

砂肝とモヤシのナムル P.135

主な食材：砂肝 200g

エネルギー	188kcal
タンパク質	36.6g
脂質	3.6g
炭水化物	微量
鉄	5g

※成分数値は「日本食品標準成分表2015年版（七訂）」（文部科学省）の以下の食品名の数値をもとに算出（小数点以下第 2 位を四捨五入）。牛もも肉＝「輸入牛肉 もも 皮下脂肪なし 生」、豚もも肉＝「大型種肉 もも 皮下脂肪なし 生」、鶏むね肉＝「若鶏肉 むね 皮なし 生」、砂肝＝「副生物 筋胃 生」

P.146

おすすめ食材で作る

ローストビーフ

材料（作りやすい分量）

牛もも肉	400g
タマネギ（すりおろす）	1/2個
ニンニク（すりおろす）	1片
塩、こしょう	各適量
油	適量

A

赤ワイン	200ml
しょうゆ	適量

作り方

❶ 牛肉はフォークの先で全体に穴をあける。タマネギと一緒に食品保存袋に入れてよくもんで 20 ～ 30 分ほど常温に置く。

❷ ①から肉だけを取り出してニンニク、塩、こしょうをまぶす。

❸ フライパンに油をひいて②を入れ、中火で肉の各表面を約 3 分ずつ焼く。

❹ 焼き色がついたらホイル→キッチンペーパー→ホイルの順でくるみ、30 分ほど置く。

❺ 同じフライパンに①のタマネギと**A**を入れて煮つめてソースを作る。

POINT

●肉はしっかりもみましょう。タマネギのタンパク質分解酵素も働いて驚くほど柔らかくなります。漬け込んだタマネギはソースに活用しましょう。

●牛肉はレアで味わえば食事誘発性熱産生（12ページ参照）も高まり消費カロリーアップ！ タンパク質摂取に加えダイエット効果も期待できます。

P.148
P.156

おすすめ食材　で作る

ゆで豚

材料（作りやすい分量）

豚もも肉	300g
すりごま	適量

A

ネギ（青い部分）	適量
ショウガ（輪切り）	1/2片分

B

ニンニク(みじん切り)	1片分
ショウガ(みじん切り)	1/2片分
ネギ(みじん切り)	適量
ニラ(みじん切り)	1/2束分
しょうゆ、ごま油、ラー油	各適量

作り方

❶ 鍋に豚肉と**A**を入れて水からゆでる。竹串などで肉を刺し、透明な汁が出るようになったら火を止め、ふたをして15〜20分ほど置く。

❷ ①のゆで汁適量と**B**を合わせてタレを作る。

❸ ①の豚肉を薄切りにして皿に盛り、すりごまをかける。

POINT

●豚もも肉に豊富に含まれるビタミンB_1は糖質をエネルギーに変える働きがあり、疲労回復にも効果的。ニンニクやタマネギなど硫化アリルを含む野菜と一緒にとると吸収が高まります。

P.146 P.148 P.150

おすすめ食材で作る

手羽先餃子

材料（作りやすい分量）

鶏手羽先（骨は抜いておく）	5本
牛豚合いびき肉	200g
ニラ	1/2束
ニンニク	1片
油	適量

A

オイスターソース	大さじ1
塩、こしょう	各適量

作り方

❶ ニラ、ニンニクをみじん切りにする。
❷ ①とひき肉を混ぜ、**A**で味を調える。
❸ ②を手羽先の中に詰める（膨らむので詰め過ぎない）。
❹ ③を電子レンジで2～3分加熱する。
❺ フライパンに油を熱し④を並べ入れ、こんがり焼き色がつくまで火を通す。

タネが残ったら

肉団子スープにアレンジ。一緒に煮込む野菜で栄養バランスの調整を。

骨の抜き方

骨と肉の境目をキッチンばさみで切る。1～2cm程度切り込みを入れたら、骨と骨をつなぐ腱を切り離し、細い骨→太い骨の順に抜く（それぞれの骨を持ち、外側に広げると骨がはがれる）。

骨を抜いたところに肉を詰める。

P.150

おすすめ食材で作る

鶏ハム

材料（作りやすい分量）

鶏むね肉
（皮と余分な脂は取り除く）3枚（450g）

A

塩、こしょう	各大さじ3
砂糖*	大さじ2
お好みのハーブ、香辛料	適宜

＊糖質は塩抜きの際に抜ける

作り方

❶ 鶏むね肉にAをよくもみ込む。
❷ ①をポリ袋に入れ、30分～1晩程度冷蔵庫で寝かせる。
❸ ②を水で洗い、塩抜きする。
❹ 鶏むね肉を1枚ずつラップして丸め、耐熱性のあるポリ袋に入れて空気を抜く。
❺ 沸騰した湯に④を入れて5分ほどで火を止め、鍋にふたをして2～3時間置いて粗熱をとる。

POINT

●ハーブや香辛料で自分好みの味にカスタマイズ。砂糖は機能性甘味料やハチミツに代えてもOK。たくさん仕込んでおけば手軽にタンパク質が補えます。

P.150

おすすめ食材で作る

鶏ももソテー

材料（作りやすい分量）

鶏もも肉	300g
ちくわ	5本
ブロッコリー	1株
油	適量

A

ショウガ（すりおろす）	1片分
ニンニク（すりおろす）	1片分
しょうゆ	大さじ3
塩麹	大さじ1

作り方

❶ ブロッコリーは1房ごとに切り分けておく。

❷ 鶏肉とちくわを適当な大きさに切り、ジッパー付き食品保存袋に入れ、**A**と混ぜる。

❸ フライパンに油をひき、②を入れ、鶏肉に焼き色がつくまで炒め、ブロッコリーを加えてさらに炒める。

POINT

●味つけした状態で冷蔵すればストックおかずにも（早めに食べきること）。野菜はキノコ類、アスパラガス、オクラ、インゲンなどで変化をつけましょう。

からあげにアレンジ

プラス材料

卵	1個
片栗粉	適量

作り方

❶ 左記②にときほぐした卵と片栗粉を入れてよくもみ込む。

❷ 160℃の揚げ油（分量外）で鶏肉を2〜3分程度揚げ、いったんとりだして出して余熱で火を通す。

❸ 揚げ油180℃にし、②の鶏肉とちくわをカラッと揚げる。

P.150

おすすめ食材で作る

砂肝とモヤシのナムル

材料（作りやすい分量）

砂肝	200g
モヤシ	1袋
ニラ	1/2束
だし	適量

A

ごま油、しょうゆ、塩	各適量
すりごま	少々

作り方

❶ モヤシとニラは鍋に煮立てただしでさっとゆでてとり出し、粗熱をとっておく。

❷ 砂肝は余分な脂肪を取り除き、①と同じだしでしっかりゆでる。

❸ ②を鍋から取り出して縦にスライスしてモヤシ、ニラと合わせる。

❹ **A**とあえて味を調える。

POINT

●砂肝はむね肉などよりも鉄が豊富で、レバーより食べやすい優秀食材です。弾力があり噛む回数も多いため、栄養素がゆっくり吸収されます。

おすすめ食材 

で作る

豚肉とニンニクの炒め物

材料（作りやすい分量）

豚ロース肉	300g
「にんにくしょうゆ味」→P.106	1パック
アスパラガス（斜め切り）	3本分
塩、こしょう	各適量
油	適量

作り方

❶「にんにんしょうゆ味」は乱切りまたは包丁の腹でつぶしておく。

❷ 豚肉は一口大に切る。フライパンに油を熱し、豚肉に塩、こしょうを入れて軽くソテーする。

❸ アスパラガスと①を加え、「にんにくしょうゆ味」のつけ汁を加えて味を調えながら煮からめる。

POINT

●豚肉のビタミンB1、ニンニクの硫化アリル、アスパラガスのアスパラギン酸はエネルギー代謝を促進します。加えてアスパラガスに多く含まれる葉酸はタンパク質や核酸の合成を促すので、筋肉を育てるのにうってつけです。

P.146 P.150

おすすめ食材 で作る

ビーフ&チキンジャーキー

材料（作りやすい分量）

牛もも肉	400g
鶏むね肉	300g

A

塩	30g
こしょう	10g
砂糖	10g
しょうゆ	30ml
とろろ昆布	3g
ニンニク（すりおろす）	1片分
水	120ml

作り方

❶ 肉はそれぞれ薄く切っておく。
❷ 大きめのボウルに**A**を混ぜ合わせる。
❸ ②に①を加えて、よくなじませておく。
❹ 密閉容器に移し、冷蔵庫で 1 晩寝かせる。
❺ ④を流水でやさしく洗い、塩抜きして水気を拭く。
❻ クッキングシートを敷いたフードドライヤーに⑤を並べ、70℃で8〜10時間かけて乾燥させる。

フードドライヤー

ドライフードを手作り・無添加で作れる。タイマー、温度設定機能付き。

協力／プリンセス
https://princess-jp.com

P.152

おすすめ食材　で作る

だし巻き玉子

材料（作りやすい分量）

卵	3個
「国産大和芋味付きとろろ」→P.105	1パック
「サラダチキンバー」→P.100	1本
だし	適量
油	適量

POINT

●卵にとろろの糖質、サラダチキンのタンパク質が加わればボリューム満点の筋肉メシに。
●栄養価の高い卵でもビタミンC、食物繊維は含まれないので、それらを含む副菜を添え、栄養バランスを整えて。

作り方

❶ 卵とだしをボウルに入れてときほぐす。
❷ ①に「国産大和芋味付とろろ」を入れて軽く混ぜ合わせる（泡立てると焦げつきやすくなるので注意）。
❸ 油をひいたエッグパンに②を1/3程度流し入れ、火が通り固まりかけたら「サラダチキンバー」をのせ、くるむように巻く。
❹ さらに②を2回に分けて流し入れ、同様に焼きながら成形する。

おすすめ食材 **牛乳** で作る

バターミルク

材料（作りやすい分量）

牛乳	200mℓ
無塩バター	20g
MCTオイル→P.127	大さじ1

作り方

❶ 牛乳、無塩バターをカップに入れ、軽くラップをしてバターが溶ける程度に電子レンジで温める。

❷ ①にMCTオイルをかける。

POINT

●牛乳のタンパク質は吸収のゆるやかなカゼインが主。寝る前に飲めば就寝中の血中アミノ酸濃度を保つ効果が期待できます。バターは大腸の栄養素である短鎖脂肪酸に変わる酪酸が豊富。MCTオイルをプラスすればエネルギー代謝をより高める効果も。

今野のオススメ

よりクリーミーな
フォームドミルクに
できる

ミルクフローサープロ

牛乳を入れてボタンをオン。低温攪拌なのでMCTオイルを一緒に入れて温めもOK。

協力／プリンセス
https://princess-jp.com

おすすめ食材 さば水煮 で作る

簡単さば缶味噌汁

材料（約２杯分）

「さば水煮」→P.123	1缶
だし	適量
ブロッコリーの茎	1本分
ミニトマト	5〜6個
味噌	適量
万能ネギ（小口切り）	適量

作り方

❶ ブロッコリーの茎は短冊状に切る。鍋にだしを煮立て、ブロッコリーを加えてゆでる。
❷ ①に「さば水煮」を煮汁ごと入れる。
❸ 味噌を溶き入れ、半分に切ったミニトマトを加え器に盛り、万能ネギを散らす。

POINT

●さば缶には良質な脂質、タンパク質、ミネラルが含まれ、ブロッコリー、ミニトマトなどビタミンCの多い食材と一緒にとることでさばのミネラルの働きが高まります。

●ブロッコリーの茎には花蕾《からい》と同様、ビタミンCとβ-カロテンのほか、食物繊維なども豊富なので捨てずに活用を。

おすすめ食材 大豆製品 で作る P.154

高野豆腐でおぼろ豆腐

材料（作りやすい分量）

高野豆腐	1～2個
卵の殻	1個分
オクラ	2本
納豆	1パック
とろろ昆布、かつお節、しょうゆ	各適量
だし	適量

作り方

❶ 高野豆腐は軽く水でふやかし、卵の殻と一緒に10分ほどゆでる。
❷ 火からおろし、粗熱がとれるまで置く。
❸ オクラを軽くゆでて輪切りにする。
❹ ザルにキッチンペーパーを敷き、②をのせて軽く絞る。
❺ 器にだし適量を注ぎ、④と③を盛る。納豆、とろろ昆布、かつお節をのせる。しょうゆはお好みで。

POINT

●高野豆腐は、卵の殻と一緒に煮ることで、より柔らかくなります。

P.154

おすすめ食材で作る とろろ昆布のお吸い物

材料（作りやすい分量）

とろろ昆布	5g
濃縮だし	15ml
湯	150ml
万能ネギ（小口切り）	適量
しょうゆ	適宜

作り方

器にとろろ昆布、濃縮だしを入れ湯を注ぐ。万能ネギを散らし、お好みでしょうゆで味を調える。

POINT

●缶詰、サラダチキン、蒸し野菜などをプラスすれば、朝食や小腹の空いた夜中でも手軽に食べられる1品料理に。

P.154

おすすめ食材で作る 乾物ふりかけ

材料（各適量）

ちりめんじゃこ
煮干し
とろろ昆布
あたりめ
かつお節
すりごま
干し海老
ミックスナッツ

作り方

❶ すべての材料をフライパンに入れ、焦がさないように炒る。
❷ ミルや、ミキサー、すり鉢などで①を粉状にする。

POINT

●乾物はタンパク質やカルシウムが豊富なうえ、旨味もプラスできる優良食材。炒って粉末にするだけで栄養満点のふりかけになります。

P.154

おすすめ食材  で作る

具だくさんピクルス

材料（作りやすい分量）

だし（お好みの濃さ）	200ml
ブロッコリー	適量
セロリ	適量
パプリカ	適量
ニンジン	適量
ベビーコーン	適量
オクラ	適量
レモン	適量
きゅうり	適量
アスパラガス	適量
ウズラの卵	適量

A

とろろ昆布	5g
酢	200ml
黒こしょう	適量

作り方

❶ すべての食材は食べやすい大きさに切る。鍋にだしを煮立て、食材を入れてさっとゆでる。

❷ 煮沸消毒したガラスびん等の密閉容器にAと①を入れ、30分程度漬け込む。

POINT

●とろろ昆布の水溶性食物繊維と酢の酢酸は、どちらも大腸の栄養素である短鎖脂肪酸になります。旬の野菜を使えば栄養バランスもとりやすく、サッと湯がいただしを漬け汁にすることで、野菜の水溶性ビタミンもとれます。

P.150 P.154

おすすめ食材 で作る

ささみの梅肉
とろろ昆布はさみ蒸し

材料（作りやすい分量）

鶏ささみ肉	4本
梅干し（種を除く）	中8個分程度
とろろ昆布	5g
しょうゆ	適宜
シソ	3〜4枚

作り方

❶ 梅干し、とろろ昆布を包丁でよくたたく。お好みでしょうゆを加える。

❷ 筋切りした鶏ささみを半分に切り①をはさむ。耐熱容器に並べてふんわりとラップをし、電子レンジで 2 〜 3 分加熱する。

❸ 器にシソをしき、皿に②を盛りつける。

「サラダチキンプレーン」(P.100) を使えばレンチンいらず！

POINT

●梅干しに含まれるクエン酸は、エネルギーを作るクエン酸回路（TCAサイクル）を効率よく動かしたり、筋肉痛（筋肉がアルカリ性に近づいている状態）を和らげたりする効果があるなど、筋肉作りの強い味方です。

おすすめ食材 糖質0g麺 で作る

「糖質0g麺」deスイーツ

材料（作りやすい分量）

「糖質 0g 麺 平麺」→P.120	1袋
牛乳	200ml
無塩バター	10g
砂糖（できれば機能性甘味料）	30g
「ごろっとグラノーラ 3種のまるごと大豆 糖質 60% オフ 360g」→P.117	10g程度
バニラエッセンス	数滴

作り方

❶ 水を切った「糖質0g麺」、牛乳、バニラエッセンスを混ぜ、ミキサーにかける。

❷ 鍋に①と無塩バター、砂糖を弱火にかけ、ヘラで混ぜながら粘り気が出るまで水分を飛ばす。

❸ 器にグラノーラをしき、②を流し入れて冷蔵庫で冷やす。

POINT

●砂糖を機能性甘味料にしたり、糖質オフのグラノーラを使ったりすることで、糖質を大幅に抑えた満腹感あるスイーツができます。

牛肉

パワフルな筋肉を作る

良質なタンパク質、ビタミン、ミネラルを多く含む

牛肉は、肉類の中でも良質なタンパク質を多く含み、鉄、亜鉛、ビタミンB_{12}、葉酸なども豊富です。特に、赤身肉やレバーに多く含まれる鉄はヘム鉄で、ほうれん草など植物性食品に由来する非ヘム鉄に比べ、体内への吸収率は約5～7倍といわれています。鉄は血液に含まれる赤血球の成分として不可欠なものであり、ビタミンB_{12}と葉酸は赤血球の産生に深くかかわる栄養です。血液量を増やすことで、身体中に酸素や必要な栄養を行き渡らせることができるため、パワフルな筋肉作りには欠かせません。

牛肉が細胞を活性化

葉酸、ビタミンB_{12}、亜鉛は、体内の細胞分裂にもかかわるので、これらが不足していると筋肉の合成・増強を十分に行えません。また、牛肉に多く含まれるアラキドン酸は、

ヒトの脳を包み込んでいる脂肪膜の成分の約15％を占める必須脂肪酸の1つです。これらの栄養を十分に摂取することで、脳も含め、身体全体の細胞が活発に代謝できるようになります。

霜降りより赤身肉

牛肉には、体内の脂肪燃焼を促すL-カルニチンという成分も豊富です。L-カルニチンは体内でも合成されますが、その量は年齢とともに減少してしまいます。サプリメントもありますが、なるべく牛肉などの食品から摂取したいものです。

ところで、よく牛肉の格付けで「A5ランク」などという言葉を耳にします。これは牛肉だけに定められた基準で、次のように設定されています。

可食部　A＝多い　B＝普通　C＝少ない

霜降り度　多い＝5　普通＝3　少ない＝1

たしかにA5ランクの霜降り肉はおいしいですが、言い換えれば「筋肉に脂肪が入った状態」ともいえます。基本的には赤身の多い肉を選びながらPFCバランスを調整していくのがよいでしょう。

豚肉

ビタミンB群の含有量はトップクラス

タンパク質、脂質、炭水化物の代謝にかかわるビタミンB群

豚肉は、すべての食材の中でもビタミンB群の含有量がトップクラスに多いことで知られています。ビタミンB群には、糖質をエネルギーに変える際に必要なビタミンB_1をはじめ、3大栄養素の代謝を促進させるビタミンB_2や、タンパク質の分解・再合成に欠かせないビタミンB_6などがあります。つまり、タンパク質をたくさん摂取する筋肉メシユーザーには不可欠な栄養素といえます。また、牛肉ほどではありませんが、鉄も比較的多いため、造血作用も期待できます。

脂質の割合を調整しやすい

脂身が赤身に入り込んでいる豚ばら肉は例外として、豚ひれ肉や豚もも肉はもともと脂質が少ないですし、豚ロース肉は牛ロース肉に比べて脂身と赤身の境目がはっきりし

ているので、余分な脂身を取り除いての調理も容易です。豚肉は脂質の割合を調整するのにおすすめの食材といえるでしょう。

硫化アリルを含む食材とセットで

豚肉に含まれるビタミンB_1は、タマネギやニラなど硫化アリルを含む食材（１５６ページ参照）と一緒に摂取するとアリチアミンという成分に変わり、効果が倍増します。

硫化アリルは〝スタミナのもと〟とも称されていて、タマネギを使ったポークチョップ、ニラがたっぷり入ったレバニラ炒めなどは、疲労回復や糖質代謝の観点では非常に理にかなった料理といえます。

豚肉は赤身だけでなくレバー（肝臓）もおすすめです。牛、豚、鶏のレバーのうち、タンパク質と鉄の含有量が一番高いのが豚レバーです。レバーは好き嫌いの分かれる食材ですが、筋肉作りに効果がある食材ですので、ぜひ活用してみてはいかがでしょうか。

ただし、豚レバーはビタミンAも多く含んでいます。動物性の食品由来のビタミンAは脂溶性ビタミンとして体内に蓄積されるので食べ過ぎに注意。特に妊娠中の方は気をつけましょう。

鶏肉

消化吸収率が高くビタミンAが豊富

イミダペプチドで疲労回復

鶏肉は他の肉類と比べて消化吸収率が高く、ビタミンAが豊富です。脂質がほとんどない部位もあり、ＰＦＣバランスを調整しやすい点もおすすめです。

特に注目したいのが、むね肉とささみだけに含まれるイミダペプチドという成分。乳酸の分解を促し疲労改善に優れた効果を発揮します。梅干しなどに含まれるクエン酸と合わせることでより高い効果が期待できます。

飲み会は鶏肉料理で盛り上がろう！

鶏肉に含まれているメチオニンという必須アミノ酸は、肝臓の毒素を排出し肝機能を高める作用があります。

肝臓はタンパク質、脂質、糖質の代謝にかかわる臓器です。タンパク質量の高い食事を続けると肝臓の負担も多くなります。身体の不調が気になる時は、鶏肉でタンパク質を補うようにしてみてください。肝機能の改善が期待できます。この観点でいえば、飲み会の食事には焼き鳥をはじめとした鶏肉料理がおすすめです。ただし、アルコールの分解は肝臓の中で最優先に働くので飲み過ぎにはご注意を。

目立たない逸材「砂肝」に注目

焼き鳥屋さんでよく目にする砂肝は、むね肉よりもおすすめしたい食材です。鶏がエサを食べる際に取り込んでしまう砂や微細な砂利を体内ですりつぶして排出する消化器官です。鶏は私たちが食物繊維を摂取するのと同様に、消化できない砂をあえて消化管に通すことで腸内環境を整えているのです。

砂肝は鶏の部位の中で最も高いタンパク質密度を持つうえ、レバー、ハツに次いで鉄を多く含んでいます。高タンパク・低脂質で、歯応えもあるので、食べ応えは十分！食事誘発性熱産生（ＤＩＴ）の向上も見込めます。

卵

栄養バランスが整った秀逸食材

卵のコレステロールは気にしなくていい

卵は栄養バランスもさることながら、安価で使い勝手もよく、筋肉メシとしては頼もしい食材です。

卵は大きさによってサイズ分けされますが、実は卵黄の大きさはどのサイズもほぼ一定しています。卵白の量によってカロリーが変わります（下図）。

卵黄に含まれるコリンは、体内で血管を広げて血圧を下げる働きをするアセチルコリンや、コレステロール値を正常に整えるレシチンになります。レシチンは脂肪代謝を促進し、脂肪肝の回復や肝機能の改善にも効果を発揮。血管が広がることでより多くの栄養素が体内に届き、筋肉量アップに必要な栄養素

	全卵（約60g）	卵黄（約20g）	卵白（約35g）
エネルギー	90.6kcal	77.4kcal	16.5kcal
●タンパク質	7.38g	3.3g	3.68g
●脂質	6.18g	6.7g	0g
●炭水化物	0.18g	0.02g	0.14g

※「日本食品標準成分表 2015 年版（七訂）」（文部科学省）より算出

S サイズの卵（46g以上52g未満）／69～77kcal
Mサイズの卵（58g以上64g未満）／88～91kcal
L サイズの卵（64g以上70g未満）／97～104kcal

も届きやすくなります。

コレステロールを気にする人もいますが、食事で摂取するコレステロール量と体内のコレステロール量は関係ないことを厚生労働省が公表しています（18ページ参照）。

卵かけご飯は白身だけ加熱

タンパク質は熱の通し具合で消化・吸収時間が変わります。個人差や食べ方にもよりますが、卵が消化するまでのおおよその時間は、半熟卵で1時間半、固ゆで卵で2時間半、生卵だと2時間45分かかり、目玉焼きでは3時間です。軽く火を通すことで消化がよくなり、加熱するにつれ消化に時間がかかります。

卵黄にはビタミンB群の一種でエネルギー産生に深くかかわるビオチンが豊富です。一方、卵白にはビオチンの働きを妨げるアビジンという成分が含まれています。アビジンは加熱すると働きが弱まるので、白身は温泉卵以上の状態まで加熱するのがおすすめ。卵かけご飯を作る際は、先に白身だけ電子レンジなどで加熱した後、黄身をオン。このひと手間がビオチン効果を最大限に引き出します。

肉食 おすすめ食材 5

昆布

筋肉メシの力を引き出す強い味方

さまざまな有効成分を含む

意外かもしれませんが、昆布は非常に優れた筋肉食材です。昆布に含まれる成分から、その優秀すぎる効能をチェックしてみましょう。

ミネラル

昆布にはカルシウム、鉄、カリウム、マグネシウムといったミネラルが大変豊富に含まれています。筋繊維の動作にかかわるカルシウム、酸素の運搬に欠かせない鉄、カルシウムの吸収を促進させるマグネシウム、さらに筋肉痛の早期緩和を促すカリウム。どれも筋肉には必須のミネラルといえます。

フコキサンチン

海藻特有の色素成分のフコキサンチンは、体脂肪の蓄積を抑えるほか、体脂肪の燃焼を促すタンパク質「UCP-1」を活性化させます。

フコイダン

昆布の30～40％は水溶性食物繊維です。中でもフコイダンは体内で大腸の栄養源となる短鎖脂肪酸に変化するため、腸内環境を整え、栄養吸収の促進に役立ちます。

アルギン酸

胃壁や小腸に付着することで糖やアルコールの吸収が緩やかになり、血糖値の急上昇や悪酔い、二日酔いを和らげる効果も期待できます。

旨味をプラスし塩分摂取も抑えられる

昆布には旨味成分のグルタミン酸が含まれています。旨味が加えられると、味わいを整える塩分の使用量を抑えることができます。つまり、過剰な塩分摂取の予防につながるわけです。

常温保存が可能なとろろ昆布は、容器に入れて持ち歩けるので外食の際にも手軽にプラスできておすすめ。大阪の老舗昆布店・こんぶ土居の昆布粉は、料理に振りかけるだけで手軽に昆布の旨味と栄養価を加えられるすぐれものです。

今野のオススメ

昆布粉

北海道・川汲《かっくみ》浜《はま》の天然真昆布を粉末にして小びんに封入。

協力／こんぶ土居
http://www.konbudoi.info

硫化アリルを含む野菜

ビタミンB_1と一緒に摂取しよう

ビタミンB_1の効果を倍増させる

タマネギを切った時に涙が出たり、ニンニクの刺激臭や辛みの原因となる成分が硫化アリルです。ビタミンB_1と結びつき、アリチアミンという物質になります、アリチアミンは血液中に長くとどまるため、ビタミンB_1の糖質代謝効果を持続させます。ビタミンB_1を多く含む豚肉、大豆製品、玄米、ウナギなどと一緒にとりたい食材です。

ニンニク… 丸のままよりみじん切りやすりおろしで

ニンニク自体が持つ多量のビタミンB_1と、同じく多量に含まれる硫化アリルが結びついてエネルギーを生み出します。みじん切りやすりおろしにすると効果もアップ。

ニラ… 血行改善に加え整腸作用にも効果抜群

硫化アリルは葉先よりも根元の白い部分に約4倍多く含まれます。料理の際はあまり根元を切り捨てないようにしましょう。傷みやすい葉の部分は刻んで冷凍保存も可能。

タマネギ…涙の数だけ強くなれる!? 身近な筋肉アップのサポート野菜

硫化アリルに加えてカリウムが多いのが特徴。カリウムは筋肉痛からの早期回復に役立つのでトレーニング後の摂取がおすすめです。なお、硫化アリルは長時間の加熱に弱いので、飴色タマネギではほぼ効果なし。生食用に水にさらすのも効果が半減してしまいます。

ネギ…栄養価が高く日本人にはなじみ深い野菜

ネギの白い部分にはビタミンCと硫化アリル、青い部分にはβ-カロテンやカルシウムが多く含まれています。肉や魚の臭みをとったり傷みを防いだりする効果もあるため、料理の下味や調味料としても活用しましょう。みじん切りにして冷凍保存すると便利です。

硫化アリルを最大限に活用するコツ

硫化アリルは空気に触れることで活性化するので、細かく刻んだり、すりつぶしたりして空気に触れさせるのがおすすめです。ただし揮発しやすいので、調味料に漬けるなどする際はしっかりした容器に入れて密閉を。加熱にも弱いため、あまり火を通しすぎないように調理するのも重要なポイントです。なお、硫化アリルは多量に摂取すると刺激が強すぎ、胃腸を痛める可能性もあるので注意しましょう。

おわりに

「筋肉メシ」を成功させるおまじないを２つ紹介します。

「いただきます」と「ごちそうさま」。

「いただきます」は食材の生命をいただくことへの感謝。
「ごちそうさま」は料理、商品、食材に携わるすべての人への感謝。
これまで数千人の食生活を見て食事指導をしてきましたが、この２つの言葉を言っているかどうかで結果に大きな違いがあります。

私は、「食事」は「人に良い事」であると解釈しています。

自分が何を食べているかを理解すれば、食事に興味がわいてきます。
食事への好奇心は、あなたの身体を磨きあげる「筋肉メシ」への原動力となります。この本をきっかけにあなた自身の「筋肉メシ」を作りあげてください。

本書では企業・団体、多くの方々に協力していただきました。セブン‐イレブン練馬北町６丁目店の皆様、スタンサップ株式会社ＣＥＯ赤平誠様、ローカーボ料理研究家藤本なおよ様、藤本幸枝様、焼き鳥店店主藤枝宏和様、ご尽力いただきありがとうございました。また日頃から私を支えてくださっている皆様、そして私の食への好奇心を育くんでくれた両親、おかげさまでこの本を形にすることができました。

本書を読んでくださった皆様が筋肉にあふれる毎日を過ごせますよう、感謝を込めて。

アスリートフードマイスター／パーソナルトレーナー　**今野善久**

今野善久（いまの・よしひさ）
アスリートフードマイスター
パーソナルトレーナー

1978年東京都出身。学生時代はバスケットボールに打ち込み、高校で全国大会出場、その後渡米し、マサチューセッツ州立セーラム大学で体育学を学ぶ。卒業後、㈱ナイキジャパンに約７年間勤務した後、パーソナルトレーナーとして活動を開始。業界最大手パーソナルトレーニングジムのチーフトレーナーなどを経て、現在はフリーランスのパーソナルトレーナーとして都内を中心に活動。数多くのトレーナー、栄養士に食事指導を行ってきた経験を持ち、自宅訪問による栄養指導も行うなど、「食に詳しすぎるトレーナー」「マッスル家政夫」といった異名も。トレーニングや栄養に関する執筆、講演、健康管理系のアプリ開発にも携わっている。

Facebook ID : @personaltrainer.yoshihisa.imano

著者　今野善久

デザイン　くどうこうきち
イラストレーション　村西恵津
撮影　久保寺誠
編集・制作　株式会社ヒルダ（中田紀一）
オフィス朔（松本紀子、鈴木佳子、田川由美子、大熊文子、吉田香）
校正　長谷川聡美

ムキムキを育てる 筋肉メシ

2019 年 9 月 10 日　初版発行
発行者　近藤和弘
発行所　東京書店株式会社
〒101-0051　東京都千代田区神田神保町 3-5
住友不動産九段下ビル 9F
Tel.03-5212-4100　Fax.03-5212-4102
http://www.tokyoshoten.net
印刷・製本 株式会社シナノ

ISBN978-4-88574-580-5　C2077